Booker T. Washington
MEMÓRIAS DE UM NEGRO AMERICANO

TRADUÇÃO *Graciliano Ramos*
PREFÁCIO *Nei Lopes*

2ª EDIÇÃO

EDITORA
NOVA
FRONTEIRA

Título original: *Up From Slavery: An Autobiography*

© da tradução by herdeiros de Graciliano Ramos

Direitos de edição da obra em língua portuguesa no Brasil adquiridos pela EDITORA NOVA FRONTEIRA PARTICIPAÇÕES S.A. Todos os direitos reservados. Nenhuma parte desta obra pode ser apropriada e estocada em sistema de banco de dados ou processo similar, em qualquer forma ou meio, seja eletrônico, de fotocópia, gravação etc., sem a permissão do detentor do copirraite.

EDITORA NOVA FRONTEIRA PARTICIPAÇÕES S.A.
Rua Candelária, 60 — 7º andar — Centro — 20091-020
Rio de Janeiro — RJ — Brasil
Tel.: (21) 3882-8200

Imagens de capa: *Retrato de Booker T. Washington* (detalhe), por Robert Templeton. | Aula para estudantes, Tuskegee Institute University.

Dados Internacionais de Catalogação na Publicação (CIP)
(Câmara Brasileira do Livro, SP, Brasil)

Washington, Booker T., 1856-1915
 Memórias de um negro americano / Booker T. Washington; tradução Graciliano Ramos. – 2.ª edição – Rio de Janeiro: Nova Fronteira, 2020. – (Clássicos de Ouro)
 144 p.

Título original: Up from slavery : an autobiography.
ISBN 978-65-5640-077-8

1. Afro-americanos - Autobiografia 2. Educadores - Estados Unidos - Autobiografia 3. Tuskegee Instituto 4. Washington, Booker T., 1856-1915
I. Título. III. Série.

20-42400   CDD: 370.92

Índices para catálogo sistemático:
1. Educadores : Autobiografia e obra 370.92
Cibele Maria Dias - Bibliotecária - CRB-8/9427

Sumário

Prefácio 7
I — Um escravo entre escravos 11
II — Minha infância 21
III — Luta pela educação 29
IV — Auxílio aos outros 37
V — O despertar 43
VI — Negros e índios 49
VII — Princípios de Tuskegee 55
VIII — Aulas numa estrebaria e num galinheiro 59
IX — Dias de angústia e noites de insônia 65
X — Uma tarefa difícil 71
XI — Fabricação de móveis 77
XII — Procura de recursos 83
XIII — Um discurso de cinco minutos 91
XIV — O discurso da exposição de Atlanta 99
XV — O êxito na arte oratória 109
XVI — Viagem à Europa 121
XVII — Últimas palavras 131

Prefácio

Em 1881 o Brasil, tornado independente 59 anos antes, era uma monarquia constitucional liberal. Assim, teoricamente, seu povo deveria ser constituído por cidadãos e cidadãs livres e iguais, gozando de "pleno direito a vida, liberdade e busca da felicidade", como estabeleceu a Declaração de Independência dos Estados Unidos, em 1776.[1] Mas não era bem assim. Naquele momento, o país ainda hesitava em extinguir totalmente o sistema escravista, e não tinha nenhum projeto socioeducativo para a maioria de sua população, constituída de ex--escravos e descendentes.

Nos Estados Unidos da América, república presidencialista com sistema constitucional em vigor desde 1789, era criado, em 1881, o primeiro estabelecimento educacional especialmente voltado para a juventude negra. E este evento histórico é uma das razões da grande distância do Brasil em relação ao país de Booker T. Washington.

Nascido escravizado, aos dezesseis anos Booker Taliaferro Washington (cujo primeiro sobrenome remete ao patrão de sua família) iniciou seus estudos no Hampton Institute, onde se tornou professor. A partir dessa experiência, fundou o Instituto Tuskegee — mais que um simples educandário, pois conformava um grande centro comunal, com cursos especiais para profissionais como pastores, professores, fazendeiros, empreiteiros etc. Na visão de seu fundador, seria um núcleo de aprimoramento e melhoria do povo negro. E assim, tornou-se a semente da atual Universidade Tuskegee, a partir da qual, ao longo do século XIX, foram criadas nos Estados Unidos mais de cinquenta universidades negras.

Contando com a decisiva colaboração da professora Olivia A. Davidson, "mulher de inteligência rara", segundo ele, e que mais tarde se tornaria sua esposa, Booker Washington desenvolveu seu projeto. Inclusive, conforme escreveu na presente biografia, a ideia de que "a

---

[1] A partir de Hebe Maria de Mattos; *Escravidão e cidadania no Brasil monárquico*, 2.ª ed., Rio de Janeiro: Jorge Zahar, 2004.

educação puramente livresca não convinha a uma escola de pretos" foi verbalizada por Olivia.

Entretanto, as propostas de Washington, baseadas no tripé "propriedade material, respeitabilidade social e instrução industrial", foram contestadas, principalmente por W. E. B. Du Bois, autor *The Souls of Black Folk*,[2] publicado em 1903. Primeiro negro a doutorar-se em filosofia pela Universidade de Harvard, a partir de 1905 Du Bois opôs-se a Washington, inclusive publicando um livro no qual considerava a "filosofia Tuskegee" conservadora e subserviente. Nessa obra, incluía-se o ensaio "Sobre o sr. Booker T. Washington e outros", em que atacou o discurso de Washington sobre o "Compromisso de Atlanta" (acordo firmado em 1895 por ele e outros líderes com lideranças brancas do Sul), acusando-o de abandonar a luta pelos direitos dos negros e aceitar a segregação em troca de ganhos econômicos enganosos.

Em contrapartida, os seguidores de Washington viam a NAACP (*National Association for the Advancement of Coloured People*) de Du Bois como apenas uma tentativa de preservar a elite negra e, por isso, ironizavam o significado de sua sigla, traduzindo o "CP" final, em vez de *Coloured People*, "pessoas de cor", como "*Certain People*": Associação Nacional para o Progresso de "Certas Pessoas".

Essa discussão ideológica, fundadora da militância negra, ecoa no Brasil em pleno século XXI, quando certos setores ainda julgam que o ideal para negros e pobres é o ensino técnico profissionalizante no lugar do ensino clássico, mormente aquele baseado nas ciências humanas e sociais. Discussões à parte (ou não), a realidade é que nos Estados Unidos os descendentes de africanos são bem representados em ambas as possibilidades. Como exemplo, o livro *African America: portrait of a people*, de 1994, elenca afro-americanos vitoriosos no campo das invenções e descobertas tecnológicas e paralelamente enfoca obras de literatos e pensadores como Alex Haley, Alice Walker, Henry Louis Gates Jr., James Baldwin, Toni Morrison, Maya Angelou, entre outros.

No Brasil — onde só em 2004 surgiu uma entidade de ensino superior para alunos negros —, a imagem dos Estados Unidos vista na tevê, no cinema ou pela internet dá sempre a impressão de um território com população negra bem maior que a do nosso país. Mas os afro-americanos lá são apenas 12%, enquanto nós, afro-brasileiros,

---

[2] No Brasil, *As almas da gente negra*. Rio de Janeiro: Lacerda Editores, 1999.

já passamos da metade da população nacional. Por que essa percepção distorcida das imagens?

A leitura deste livro talvez possa explicar.

Nei Lopes
agosto, 2020

Capítulo I
Um escravo entre escravos

Nasci escravo numa fazenda em Franklin, na Virgínia. Não sei com exatidão o lugar e a data do meu nascimento; creio, porém, que vim ao mundo em 1858 ou 1859, perto do Forte de Hale, encruzilhada onde havia uma agência do correio. Mês e dia ignoro. As lembranças mais remotas que guardo ligam-se à fazenda, especialmente à parte dela ocupada pelos escravos — a senzala.

Comecei mal a vida, num meio triste e miserável, embora os meus senhores não fossem particularmente cruéis. Nasci numa cabana de madeira, de quatorze a dezesseis pés quadrados, e nela vivi com minha mãe, meu irmão e minha irmã até a Guerra Civil, quando nos libertaram.

Quase nada sei dos meus antepassados. Por pedaços de conversas dos negros, na senzala, conheci as torturas que os escravos, entre os quais, sem dúvida, os meus avós do lado materno, padeceram no navio que os transportou da África para a América; não consegui, porém, obter nenhuma notícia de valor sobre a história de minha família para lá de minha mãe, que tinha um meio-irmão e uma irmã, também meia. Naquele tempo ninguém prestava atenção à história genealógica e aos anais duma família de pretos. Um comprador, segundo creio, achou conveniente adquirir minha mãe e se tornou proprietário dela e meu — negócio aproximadamente igual à compra dum cavalo ou duma vaca. De meu pai sei menos, desconheço até o nome dele. Contaram-me que era branco e residia numa fazenda vizinha, mas nunca ouvi dizer que se tivesse interessado por mim, que se houvesse de qualquer forma ocupado com a minha educação. Não o acuso por isso: era mais uma vítima da instituição que o povo americano desgraçadamente introduziu no seu organismo social.

Minha mãe era a cozinheira da fazenda, e a nossa cabana servia de cozinha. De janelas nem sinal; apenas aberturas que davam passagem à luz e ao vento glacial do inverno. Havia também uma porta, ou qualquer coisa com este nome, mas era pequena, e os gonzos desarranjados, as grandes fendas que a rasgavam faziam com que a gente vivesse muito mal. Num canto, à direita, existia no muro o *buraco dos gatos*, rombo quadrado comum nas habitações da Virgínia antes da guerra. Tinha de sete a oito polegadas, e por ele o gato entrava e saía durante a noite. Isso ali era perfeitamente dispensável, pois havia nas paredes pelo menos meia dúzia de lugares por onde o gato podia passar. A casa não tinha soalho; só a terra dura. No centro, uma cova profunda onde se guardavam batatas no inverno. Lembro-me disso muito bem: quando metiam batatas no buraco ou quando as retiravam, eu conseguia às vezes passar os gadanhos em algumas, assava-as na cinza e regalava-me. Como não existia fogão, minha mãe cozinhava para os brancos e para os escravos em panelas e tachos, sobre trempes. Naquela cabana mal construída, o frio era duro no inverno, mas o calor do fogo era horrível no verão.

Os primeiros anos da minha infância correram como os de milhares de outros escravos. Minha mãe, é claro, só podia dedicar pouco tempo aos filhos: roubava para nós alguns instantes da manhã, antes de começar a tarefa, outros da tarde, quando o trabalho findava. Numa das minhas recordações mais antigas, vejo-a cozinhando um frango alta noite e acordando os filhos para comê-lo. De que modo ela achara o frango, e onde achara, não sei, mas presumo que ele vinha do galinheiro do proprietário. Há quem diga que isso é furto, penso que agora é furto; mas a coisa se passava naquele tempo, e ninguém me prova que, procurando um meio de alimentar-nos, minha mãe cometesse um crime.

Não me lembro de ter dormido em cama antes da alforria da minha família. Éramos três moleques: John, o mais velho, Amanda e eu. Dormíamos no chão, numa esteira, enrolados em farrapos sujos.

Pediram-me há tempo que falasse das minhas brincadeiras infantis; nunca, porém, até o dia em que me tocaram nisso, me havia passado pela cabeça a ideia de que um minuto da minha vida se tivesse gasto com brinquedos. Desde que me entendo, executo quase todos os dias algum trabalho. Parece-me, entretanto, que seria hoje um sujeito mais útil se tivesse tido tempo de brincar.

Quando era escravo, muito novo ainda, não servia para grande coisa. Apesar disso, empregavam-me em varrer o pátio, carregar água para os homens do campo ou levar trigo ao moinho, uma vez por semana, serviço terrível, o pior de todos. O moinho ficava a cerca de uma légua da fazenda. O pesado saco arrumava-se nas costas do cavalo, de sorte que fosse parte igual de trigo para cada lado, mas de ordinário os grãos se deslocavam, o equilíbrio se rompia, a carga ia abaixo — e eu com ela. Não tinha força para tornar a carregar o animal, às vezes ficava horas esperando que um transeunte me livrasse da dificuldade. E chorava, tremia de medo, porque, perdendo tanto tempo, chegaria tarde ao moinho. Quando acabassem de moer o trigo, seria noite, eu voltaria para casa no escuro. O caminho atravessava bosques cerrados — e corria que no mato fervilhavam desertores, que os desertores, encontrando um moleque sozinho, cortavam as orelhas dele. Além disso, brigavam comigo quando eu voltava tarde, ou davam-me uma surra.

Sendo escravo, não recebi nenhuma instrução. Fui muitas vezes até a porta da escola, carregando os livros duma das pequenas donas da gente — e algumas dúzias de meninas e meninos numa classe, estudando, muito me impressionaram: aquilo era um céu.

Um dia, muito cedo, acordei vendo minha mãe inclinada sobre nós a rezar, pedindo a Deus que as forças de Lincoln triunfassem e nos dessem a liberdade. Aí percebi que vivíamos na escravidão, mas que isto não era mal sem remédio.

Nunca pude saber como os pretos do Sul, ignorantes quase todos em livros e jornais, conheciam tão bem as grandes questões que agitavam o país. Desde o tempo em que Garrison, Lovejoy e outros começavam a campanha abolicionista, os escravos seguiam de perto os progressos do movimento. No começo da Guerra Civil eu era menino, mas lembro-me de várias discussões cochichadas à noite entre minha mãe e outros escravos da fazenda. Essas conversas mostravam que eles, reunindo os boatos, compreendiam a situação, estavam a par dos acontecimentos. Da primeira vez em que Lincoln foi candidato à presidência da República, todos os debates se divulgavam na fazenda, muitas léguas distante de linha férrea, cidade ou jornal. Durante a guerra nenhum escravo lá ignorava que, embora houvesse outros negócios em jogo, o principal era a escravidão. Até nas roças mais afastadas, as pessoas mais broncas da minha raça sabiam perfeitamente que, se os exércitos do Norte vencessem, os pretos se libertariam. Comentavam--se com o mais vivo interesse as vitórias das forças federais e as derrotas das confederadas; muitas vezes os escravos se informavam das batalhas antes dos brancos.

As notícias eram geralmente colhidas pelo negro que ia ao correio buscar a correspondência. A nossa agência postal ficava a uma légua da fazenda, e a correspondência vinha uma ou duas vezes por semana. O homem que se encarregava de trazê-la tinha o costume de vagar longamente em redor da agência, para escutar as conversas dos brancos que ali se agrupavam, discutindo as notícias chegadas nas cartas. De volta, espalhava essas notícias entre os escravos, que se inteiravam às vezes de fatos consideráveis antes dos brancos da casa-grande, a habitação do senhor.

Não me lembro de, menino ou rapaz, ter visto minha família sentar-se à mesa, rezar e comer civilizadamente. Nas fazendas da Virgínia, as crianças arranjavam comida pouco mais ou menos como os animais, um pedaço de pão aqui, um bocado de carne ali, às vezes uma xícara de leite, algumas batatas. Acontecia de certos membros da família comerem na panela, enquanto outros se serviam com os dedos em pratos de folha postos em cima dos joelhos. Quando fiquei um pouco taludo, chamaram-me à casa-grande para, nas horas das refeições, enxotar as moscas das mesas com uns leques de papel que se moviam por meio de roldanas. Naturalmente a maior parte da conversa dos brancos rolava sobre a liberdade e a guerra. Eu não perdia uma palavra. Vejo ainda uma das minhas jovens senhoras comendo bolos em companhia de algumas damas que a visitavam. Era isso o meu maior desejo: parecia-me que, se chegasse a libertar-me, seria completamente feliz enchendo-me de bolos como aquelas moças.

À medida que a guerra se prolongava, os víveres escasseavam. Com certeza os brancos sentiam as privações mais que os negros: pão de frumento e carne de porco a fazenda produzia, mas café, chá, açúcar não se cultivavam e era impossível obtê-los, por causa da guerra. Os brancos se atrapalhavam: fazia-se café com trigo torrado, e uma espécie de melaço escuro substituía o açúcar. Comumente não se adoçava aquele arremedo de chá ou café.

Os primeiros sapatos que usei eram de pau. Um pedaço de couro grosso em cima, solas de meia polegada, e de pau. Quando eu andava, faziam um barulho dos diabos; além disso, eram incômodos, não havia meio de calçá-los direito. Esses tamancos nos davam um ar confuso e ridículo.

Mas a prova mais dura que aguentei como escravo foi vestir a camisa. Naquela parte da Virgínia, os pretos se vestiam com um pano ordinário, de linho de refugo, naturalmente o mais grosseiro e barato. Pior que aquilo só a extração de um dente. Era uma tortura medonha, qualquer coisa semelhante aos arranhões produzidos por dúzias de espinhos, por centenas de pontas de alfinetes. Ainda me recordo perfeitamente daquele horror. Não podia livrar-me, e por desgraça a minha pele era sensível demais. Se então me fosse possível escolher entre usar aquele suplício ou não usar nada, eu teria preferido andar nu. Pois meu irmão John sacrificou-se por mim, fez uma coisa admirável. Quando me obrigavam a estrear uma camisa, oferecia-se nobremente para vesti-la durante alguns dias, até amansá-la. Não conheci outra roupa enquanto fui menino.

    Como grande número de brancos combatia numa guerra que teria como resultado a sujeição do preto caso o Sul triunfasse, julgarão talvez que a minha raça nutria sentimentos de animadversão contra os seus dominadores. Entre os negros da nossa fazenda isso não se dava, e também não se dava na massa da população do Sul, onde quer que o escravo tivesse um tratamento razoável. Na Guerra Civil um dos moços da casa-grande morreu e dois foram gravemente feridos. Recordo-me da tristeza que os pretos manifestaram quando souberam da morte do Senhor Billy. E não era uma tristeza fingida, longe disso. Alguns tinham cuidado do Senhor Billy quando ele era pequeno, outros haviam brincado com ele. Senhor Billy intercedera por muitos quando o feitor ou o amo os açoitava. A dor da senzala não era menor que a da casa-grande. À chegada dos rapazes feridos, exprimia-se de muitas formas a simpatia dos escravos: queriam tratá-los, velá-los. Essa bondade, essa ternura da gente submissa, vinha da sua natureza generosa. Os brancos andavam na guerra — e os escravos dariam a vida para defender as mulheres e as crianças da fazenda. O que pernoitava na casa-grande, na ausência dos homens, ocupava um lugar de honra: teria de passar por cima dele quem pretendesse tocar na sinhá-moça ou na sinhá-dona.

    Não sei se já notaram, mas hão de admitir, creio eu, que raramente um homem de minha raça, livre ou cativo, abusou da confiança depositada nele. Podemos dizer que, de modo geral, no correr da guerra os escravos não tinham ressentimento contra os brancos. Citam-se até numerosos exemplos de negros que sustentaram senhores arruinados. Sei de antigos proprietários salvos da miséria graças ao dinheiro enviado, anos a fio, pelos escravos. Também me disseram que pretos velhos contribuíram para a educação dos descendentes dos seus amos. Aqui vai um caso. Certo moço de família deu para beber, bebeu tanto que embruteceu e ficou pobre de fazer pena. Pois os negros da fazenda, pobres também, aguentam o rapaz há muitos anos, oferecem-lhe o que ele precisa para viver: café, açúcar, um pedaço de carne. Tudo quanto possuem é pouco para o filho do velho Senhor Tom. O filho do velho

Senhor Tom não encolherá a barriga enquanto houver por ali quem, de perto ou de longe, tenha conhecido Senhor Tom.

Afirmei que uma pessoa da minha raça de ordinário não traía. Em uma cidadezinha do estado de Ohio vi há tempo um velho escravo que, dois ou três anos antes da abolição, tinha deixado o senhor, prometendo-lhe pagar um tanto por ano, até resgatar-se. Achando bons salários em Ohio, lá ficou. Quando a liberdade veio, devia ainda uns trezentos dólares daquele negócio. Está claro que não devia nada, mas foi à Virgínia, a pé, e entregou ao antigo proprietário o dinheiro todo e mais os juros. Contando-me essa história, o homem me declarou saber que não estava obrigado a pagar semelhante dívida, mas que, tendo dado a sua palavra, era necessário cumpri-la. Não enganava ninguém. E não se considerava livre enquanto não tivesse pagado. Concluirão talvez que os escravos não aspirassem à liberdade. Não é exato: nunca vi um que não quisesse ser livre ou que desejasse voltar ao cativeiro.

Lastimo sinceramente a nação ou o grupo de indivíduos infelizes, presos na engrenagem da escravidão, mas já não tenho ódio aos brancos do Sul que nos mantinham cativos. Não é possível pretender que uma região seja mais responsável que outra por aquela desgraça, aliás reconhecida e amparada muitos anos pelo governo federal. Entrando na vida econômica e social da República, essa instituição dificilmente seria extirpada.

Por outro lado, se nos desembaraçarmos de parcialidade e preconceitos de raça e olharmos as coisas de perto, reconheceremos que, apesar da crueldade e da injustiça que aqui existiam, os dez milhões de negros educados na escola da escravidão americana estão em melhores condições, material, intelectual, moral e religiosamente que os do resto do mundo. Tanto isto é verdade que os negros deste país, criados no cativeiro, voltam frequentemente à África na qualidade de missionários, para instruir os que ficaram na antiga pátria. Longe de mim a ideia de justificar a escravidão. Sei que ela foi introduzida na América por motivos egoístas e não com um fim humanitário, mas julgo que muitas vezes a Providência utiliza os homens e as instituições para realizar os seus desígnios.

Aos que me perguntam como, nas situações aparentemente desesperadas em que não raro nos achamos, posso ter confiança no futuro da minha raça neste país, lembro as vicissitudes por que passamos e de que saímos. Desde que cheguei à idade de refletir nessas coisas, penso que, não obstante os males terríveis de que foi vítima, o preto ganhou com a escravidão quase tanto quanto o branco. É certo que apenas o negro sentia as consequências funestas, coisa que se notava claramente em nossa fazenda. Todo o sistema da escravidão era concebido de forma que, em regra, se julgava o trabalho coisa degradante. Em consequência, as duas raças juntas numa fazenda procuravam livrar-se dele.

Não há dúvida de que, no lugar onde nasci, a escravidão fez a raça branca tornar-se irresoluta, perder a confiança em si mesma. Meu velho senhor tinha muitos filhos e filhas. Que eu saiba, nenhum escolheu uma profissão, nenhum se dedicou a qualquer indústria rendosa. As moças não entendiam de costura, de cozinha, de qualquer trabalho doméstico. Os escravos se encarregavam de tudo, mas não tinham interesse na fazenda, e a ignorância os impedia de fazer qualquer coisa com jeito. Por isso as cercas se estragavam, as portas rangiam ou saíam dos gonzos, os vidros se quebravam, o reboco não se consertava, o pátio se cobria de ervas. De ordinário havia uma comida especial para os negros, outra para os brancos. Na mesa dos senhores, porém, faltava essa delicadeza, esse cuidado minucioso que torna o lar inglês o mais confortável, o mais agradável, o mais atraente dos lugares. Esbanjavam-se, além disso, de maneira insensata, os alimentos e outros objetos.

Libertando-se, o escravo se achava tão preparado quanto o seu amo para começar um novo gênero de vida, menos na parte relativa à instrução e ao exercício da propriedade. O antigo senhor e seus filhos, sem profissão, estavam imbuídos da ideia de que o trabalho manual não havia sido feito para eles. Com os escravos dava-se o contrário: tinham aprendido algum ofício e nenhum se envergonhava de trabalhar.

Enfim a guerra terminou e veio o dia grande, um dia memorável e cheio de incidentes. A liberdade, longamente esperada, estava no ar. Fazia meses que os desertores voltavam para casa; militares despedidos, ou de regimentos licenciados sob palavra, passavam constantemente por nós. Os boatos funcionavam dia e noite, notícias e rumores de acontecimentos notáveis iam rápido de fazenda a fazenda. A baixela e outros objetos de valor foram retirados da casa-grande, enterrados no bosque e guardados por escravos de confiança. Ai de quem tentasse mexer no tesouro escondido! Os pretos diriam tudo aos soldados ianques; comida, bebida, roupa, tudo, mas não a baixela de prata.

À medida que se aproximava a libertação, os cantos na senzala se tornaram mais numerosos que de ordinário: mais fortes, mais seguros, entravam pela noite. Muitas palavras desses cantos encerravam alusões à liberdade. Sem dúvida todos haviam cantado essas mesmas palavras antes, mas tinham o cuidado de explicar que a liberdade de que se tratava era no outro mundo, não tinha nada com esta vida. Agora tiravam a máscara e não temiam declarar que a liberdade, em seus cantos, significava a do negro na terra.

Espalhou-se uma noite na senzala que no dia seguinte pela manhã haveria um acontecimento extraordinário na casa-grande. A excitação foi enorme, creio que ninguém dormiu direito. No outro dia cedo mandaram chamar todos os escravos, moços e velhos, à residência do senhor. Lá fui com minha mãe, meu irmão, minha irmã e mais negros em multidão. A família branca estava reunida na varanda, uns em pé, outros sentados, de modo que podíamos ver e ouvir bem. Havia nos rostos uma expressão de interesse sincero, talvez de tristeza, mas não de azedume. Recordando-me agora da impressão que experimentei, julgo que aquelas pessoas sentiam menos a perda duma propriedade que a ausência dos que ali se tinham criado e a que se ligavam por tantos laços. Lembro-me perfeitamente de que um desconhecido, provavelmente funcionário, fez um pequeno discurso e leu um extenso documento, a proclamação da liberdade, creio eu. Finda a leitura, disseram-nos que estávamos livres, que tínhamos o direito de ir para onde quiséssemos e quando quiséssemos. Minha mãe, chorando de alegria, inclinou-se e beijou-nos, confessou que nas suas rezas pedira aquilo, receando que a graça viesse tarde, não a encontrasse viva.

Nos primeiros momentos houve um regozijo doido, agradecimentos, manifestações de entusiasmo frenético. E em tudo isso nenhum sinal de animosidade para com os antigos senhores. Os escravos estavam comovidos e tinham pena deles.

A alegria excessiva dos negros emancipados só durou um instante: de volta à senzala, percebi que já havia neles uma certa mudança. Jogados ao mundo com os filhos, precisando resguardar-se e resguardá-los, temiam responsabilidades e inquietavam-se. Eram como crianças de dez ou doze anos obrigadas, sem auxílio, a tomar decisões. Em algumas horas tinham abarcado problemas sérios que a raça anglo-saxã resolvera em séculos: o domicílio, uma profissão, a educação dos filhos e enfim deveres sociais, a necessidade de fundar uma igreja e mantê-la. Não admira, pois, que em pouco tempo os gritos de alegria morressem na senzala e viesse um abatimento profundo. A liberdade, agora adquirida, era coisa muito mais grave que o que tinham pensado. Havia escravos de setenta, de oitenta anos, e esses, coitados, ainda que achassem outra moradia, não tinham força para nenhum trabalho nem podiam viver fora dali, com amos novos. Para eles a liberdade era um peso.

Além disso, uma extravagância enchia os corações, um estranho apego ao senhor velho, à sinhá-dona, aos meninos, e contra semelhante fraqueza ninguém se podia defender. Tinham passado juntos meio século, era difícil a separação. E, às escondidas, os negros velhos deixavam a senzala, iam à casa-grande conversar em segredo com o senhor velho a respeito do futuro.

Capítulo II
Minha infância

Duas coisas os pretos acharam que deviam fazer depois da abolição: mudar o nome e, pelo menos durante alguns dias ou semanas, deixar a fazenda, para se convencerem de que estavam realmente em liberdade. Por isto ou por aquilo, chegaram à conclusão de que não deviam conservar o nome do antigo proprietário. E, primeira manifestação de independência, muitos o abandonaram. Um escravo chamava-se, por exemplo, John ou Susan, simplesmente; nenhum acréscimo. Se John pertencia ao branco Hatcher, ficava sendo John Hatcher ou o John de Hatcher, designações evidentemente desagradáveis a um homem livre. John Hatcher se transformou em John S. Lincoln ou John S. Sherman. A letra *S* não era inicial dum nome, não tinha significação, mas o preto se orgulhava dela.

Quase todos deixaram, pois, a fazenda, certificaram-se de que tinham o direito de andar por fora e sentiram o gosto da liberdade. Depois de algum tempo, muitos dos mais velhos tornaram às antigas moradas e fizeram uma espécie de contrato com os senhores, que os conservaram.

Minha mãe tinha um dono e o marido tinha outro. Esse marido, padrasto de John e meu, raro se mostrava na fazenda — aparecia uma vez por ano, creio eu, nas proximidades do Natal. Fugira na Guerra Civil, acompanhara o exército federal, que o arrastara a Kanawha Valley, no estado novo da Virgínia Ocidental, para onde minha mãe foi também, depois da abolição.

Atravessar nesse tempo as montanhas da Virgínia e chegar à Virgínia Ocidental era empresa difícil. Puseram numa carroça alguma roupa e os trastes que possuíamos, mas as crianças fizeram a pé grande parte da viagem, centenas de léguas.

Nunca nos tínhamos afastado muito da fazenda — e, partindo para aquela aventura, despedimo-nos com tristeza dos nossos companheiros e dos velhos amos. Desde então ficamos em correspondência com as pessoas mais idosas da família dos brancos, e quando estas desapareceram, continuamos as nossas relações com as mais novas.

A viagem durou muitas semanas, e quase sempre dormimos ao relento, junto ao fogo que nos servia para preparar a comida. Certa noite descansamos numa cabana deserta. Minha mãe acendeu lenha para a ceia, mas, antes de estender a enxerga no chão, uma enorme serpente negra, de metro e meio de comprimento, saiu do fogão e nos afugentou.

Chegamos enfim ao nosso destino, uma cidadezinha chamada Malden, a légua e meia de Charleston, hoje capital do estado. A riqueza dessa parte da Virgínia eram as minas de sal, e muitos fornos rodeavam Malden. Meu padrasto, que já tinha achado trabalho em um deles, conseguiu para nós uma cabana semelhante à que tínhamos deixado na fazenda. Realmente era um pouco pior. A nossa velha casa se achava de fato horrivelmente estragada, mas pelo menos lá respirávamos ar puro, e essa de agora estava metida numa embrulhada compacta de habitações. Como não havia regulamentos sanitários, a imundície nos arredores era insuportável.

Na vizinhança havia negros e brancos, brancos da espécie mais baixa, pobres em demasia, ignorantes, abjetos. Multidão extravagante. Bebedeira, jogos, brigas, safadezas constituíam a ocupação ordinária dessas criaturas.

Todos os que viviam na cidade ligavam-se, de um ou de outro modo, às minas de sal. Apesar de muito novo, empreguei-me com meu irmão em uma das usinas, onde muitas vezes fui obrigado a trabalhar às quatro horas da manhã. Foi aí que me iniciei nos conhecimentos científicos. Cada homem da embalagem tinha os seus tonéis marcados com um numero. O de meu padrasto era 18. No fim de um dia de trabalho o capataz vinha escrever sobre os nossos tonéis esse número, que afinal se tornou meu conhecido; acabei por saber reproduzi-lo, embora ignorasse todos os outros sinais, algarismos ou letras.

Muito cedo me veio um forte desejo de aprender leitura. Pensei que, se nada conseguisse na vida, isso me daria pelo menos a satisfação de ler jornais e livros ordinários. Apenas instalados em nossa cabana da Virgínia Ocidental, pedi a minha mãe que me arranjasse um livro. De que forma ela o achou e onde achou, não sei, mas a verdade é que me trouxe um livrinho antigo de Webster, um folheto de capa azul que encerrava o alfabeto e sílabas sem sentido, como ab, ba, ca, da. Comecei a devorar essa brochura, a primeira que me caiu nas mãos. Tinham-me dito que era preciso conhecer o abecedário, e esforcei-me tenazmente por aprendê-lo, sem mestre. Nesse tempo não existia por ali um negro que soubesse ler, e eu era tímido, não me aventurava a falar com os brancos. Em algumas semanas pude, entretanto, distinguir muitas letras. Minha mãe participava das minhas ambições e auxiliava-me com vontade. Em ciência escrita era duma ignorância completa, mas desejava muito para os filhos, tinha um grosso bom senso que lhe permitia livrar-se honrosamente de situações embaraçosas. Se fiz na vida qualquer coisa útil, certamente devo isto a aptidões herdadas de minha mãe.

Por essa época, enquanto me estafava para instruir-me, chegou a Malden um negro moço de Ohio que sabia ler. Quando perceberam isso, procuraram um jornal, e, no fim do trabalho diário, homens e mulheres impacientes de ouvir notícias cercavam o rapaz. Eu invejava esse moço, a criatura mais digna de ser invejada no mundo, a que devia estar mais contente com a sua sorte.

Começavam então a tratar duma escola para meninos negros, a primeira que se ia fundar naquela parte da Virgínia, e toda a gente se interessou por esse acontecimento notável. Difícil era achar um mestre. Pensaram no rapaz de Ohio, o que lia jornais, mas esse ainda não tinha idade para o cargo. Nesse ponto correu que outro negro de Ohio, antigo soldado, regularmente instruído, vivia na cidade. Convidaram-no. E como a escola era particular, cada família consentiu em pagar-lhe um tanto por mês e hospedá-lo: o mestre ficaria com todas, dia aqui, dia ali. Não era mau negócio para ele, pois quando entrava numa casa, punham na mesa o que havia de melhor. Em nossa pequena cabana, eu esperava sempre com impaciência o *dia do mestre*.

Esse fato, uma raça inteira de repente marchando para a escola, é um dos fenômenos mais curiosos que já se observaram. Só as pessoas que viveram entre homens de cor podem ter ideia do entusiasmo que eles manifestaram para instruir-se. Poucos se julgaram moços e nenhum se considerou velho demais para aprender: desde que tiveram mestre, encheram não somente as classes do dia, mas também as noturnas. Os velhos ambicionavam ler a Bíblia antes de morrer, e por isso era comum vermos à noite homens e mulheres estudando, gente de cinquenta, sessenta, até de setenta anos. Havia também aulas dominicais, em que se ensinava principalmente o abecedário, e todas se enchiam, dia e noite; muitas vezes era preciso despedir alunos por falta de lugares.

Pouco depois de estabelecida a escola, tive uma decepção, a maior que já experimentei. Fazia alguns meses que eu trabalhava no sal, começava a ganhar algum dinheiro — e meu padrasto declarou que era impossível dispensar-me. Esta decisão arruinou-me todos os projetos; o meu desgosto foi enorme, tanto mais quanto do lugar onde trabalhava via sempre, de manhã e de tarde, meninos passarem felizes para a escola. Apesar de tudo, resolvi aprender qualquer coisa e procurei furiosamente adivinhar o alfabeto no livro de capa azul. Minha mãe sofreu comigo, consolou-me de todos os modos e ajudou-me a achar o que me era necessário. Entendi-me afinal com o mestre, que me veio dar lições à noite, depois do trabalho. Fiquei tão alegre com isso que acredito haver ganhado mais à noite que os que tinham o dia inteiro. O que então obtive serviu-me de estímulo mais tarde, em Hampton e Tuskegee, para o estabelecimento de cursos noturnos. Mas no meu coração de criança eu nutria o desejo de estudar como os outros e nunca deixei de, por todos os meios, advogar a minha pretensão. Afinal venci: permitiram-me ir à escola diurna, durante alguns meses, com a condição de me levantar muito cedo, trabalhar na usina até nove horas da manhã e voltar à tarde para mais duas horas de serviço.

A escola ficava um pouco longe da usina, e como eu só podia sair às nove horas, precisamente quando as aulas se abriam, a minha situação era desagradável: chegava sempre depois de começadas as lições, às vezes depois de terminadas. Para sair do embaraço, pratiquei um ato que os leitores certamente condenarão. Conto-o porque é um fato: confio muito no poder dos fatos. Em geral é inútil esconder as coisas. Havia no pequeno escritório da usina um relógio que regulava o trabalho de mais de cem operários. Imaginei que não me seria difícil chegar cedo à escola: bastava levar o ponteiro de oito e meia a nove horas. E foi o que fiz todas as manhãs, até que o contramestre desconfiou e fechou com chave a caixa do relógio. Na verdade eu não tinha querido causar prejuízo a ninguém: o que desejava era não perder os meus estudos.

Achei-me então a braços com outras dificuldades. A primeira se referia a chapéus. Todos os alunos usavam chapéus ou casquetes, e eu não possuía nada disso. Sempre tinha andado de cabeça nua, e creio que os indivíduos que viviam perto de mim também nunca haviam julgado necessário cobrir-se. Agora, porém, vendo os meus camaradas cobertos, comecei a atrapalhar-me. E, segundo o costume, narrei o caso a minha mãe, que me disse não ter recurso para comprar-me um chapéu de loja, grande novidade entre moços e velhos da minha raça, mas que arranjaria meio de me satisfazer. Tomou dois pedaços de pano, coseu-os — e tornei-me proprietário da minha primeira casquete, que me encheu de orgulho. Minha mãe deu-me nesse dia uma lição que não esqueci e procuro transmitir aos outros. Recordando esse incidente, alegra-me a ideia de que ela possuía um caráter bastante forte para não cair nas extravagâncias dos que desejam parecer o que não são. Foi por isso que não comprou o chapéu na loja; não queria enganar os meus companheiros, exibindo coisa superior às nossas posses. Acho ótimo que ela não se tenha endividado para adquirir um objeto caro. Tive muitos chapéus depois disso, mas nada me agradou tanto como a casquete fabricada com dois pedaços de fazenda por minha mãe. Tenho notado, bem desgostoso, que, entre os meus colegas que principiaram com chapéu de loja e zombavam da minha casquete feita em casa, vários acabaram na cadeia, outros não conseguem obter chapéu de nenhuma espécie.

A segunda encrenca séria que me apareceu vinha da necessidade de achar um nome. Desde pequeno eu era Booker, e antes de entrar na escola não me ocorreu que outro nome fosse preciso. Quando fizeram a chamada, percebi que os moleques tinham pelo menos dois nomes; havia alguns que usavam três, luxo excessivo, na minha opinião. Fiquei terrivelmente confuso. Chegada a minha vez, surgiu-me uma ideia luminosa, que resolvia o negócio, foi o que me pareceu. O mestre me perguntou os nomes, e eu respondi, firme:

— Booker Washington.

E assim me fiquei chamando. Soube depois que minha mãe me havia dado o sobrenome de Taliaferro, muito cedo caído no esquecimento. Logo que o conheci, retomei-o e comecei a assinar-me: Booker Taliaferro Washington. Julgo que poucos homens neste país tiveram o privilégio de escolher um nome de semelhante modo.

Tenho às vezes tentado imaginar-me um sujeito de boa posição social, com antepassados cheios de honra e glória que me houvessem transmitido, do escuro dos séculos, nome, fortuna, uma propriedade que me desse orgulho; creio, porém, que se tivesse herdado essas vantagens todas, juntamente com a de pertencer a uma raça estimada, inclinar-me-ia a ceder à tentação de confiar nos avós e na cor da pele, em vez de fazer pelo meu desenvolvimento pessoal o que fosse necessário. Decidi há muitos anos deixar a meus filhos, em falta de antepassados, uma lembrança que eles possam guardar com altivez, que os anime a progredir.

É um erro julgar o negro, especialmente o negro moço, com precipitação e severidade. O rapaz negro luta com obstáculos, desfalecimentos e tentações que só ele conhece. O moço branco que se mete numa empresa qualquer deve, segundo a opinião geral, sair-se bem; com o negro se dá o contrário: todos se admiram quando ele não falha. Em resumo, o homem de cor estreia na vida com presunções contra ele. Contudo, a influência dos antepassados sobre os indivíduos, e portanto sobre a raça, tem valor, valor que não se deve exagerar, é claro. Os que apregoam a fraqueza moral do negro e comparam o desenvolvimento dele ao do branco não levam em conta a força das recordações que há nas casas das famílias antigas.

Já confessei que nunca soube quem era minha avó. Tive e tenho primos, tios e tias, mas não me seria fácil dizer onde eles se acham. Aliás, o que se dá comigo dá-se com centenas e milhares de negros em todos os cantos do país. Só o fato de saber que o infortúnio constitui mancha nos anais duma família de muitas gerações basta para que o rapaz branco se comporte bem: atrás dele e em redor dele há uma linhagem, história, relações, que o enchem de orgulho e o estimulam a vencer todas as dificuldades.

Além de me deixarem pouco tempo para a escola, obrigaram-me a faltas constantes. E até isso acabou logo: afastei-me da aula e dediquei-me inteiramente à usina. Voltei aos meus estudos noturnos. Posso dizer que adquiri à noite, depois de trabalhar o dia inteiro, a maior parte do que sei. Às vezes era bem difícil achar mestre que prestasse. Um que descobri me causou enorme decepção: percebi que ele não estava muito mais adiantado que eu. Aconteceu-me andar a pé vários quilômetros para dar as minhas lições. Apesar de tudo, por triste e desalentadora que tenha sido essa fase da minha mocidade, nunca esmoreci na resolução de instruir-me, custasse o que custasse.

Pouco depois da nossa chegada à Virgínia Ocidental, minha mãe, esquecendo a pobreza, adotou um pequeno órfão a quem demos mais tarde o nome de Jayme B. Washington. Esse moço nunca nos deixou.

Tiraram-me da usina e empregaram-me na mina de carvão que ali se explorava especialmente para alimentar os fornos. Sempre tive medo de carvão: nas horas de serviço a gente se suja em demasia, e é difícil limpar-se depois. Além disso, para ir da boca da mina ao lugar do trabalho, eu precisava andar cerca de um quilômetro e meio numa escuridão terrível. Julgo que em parte nenhuma há trevas tão medonhas como nas minas de carvão. Essa onde me empreguei estava dividida em grande número de compartimentos, que nunca pude localizar direito. Muitas vezes me perdi no meio deles. A minha lanterna se apagava, e isto era horrível: se não tinha fósforos, caminhava à toa naquela noite profunda, até que aparecesse alguém. O trabalho era duro e perigoso: constantemente nos arriscávamos a voar numa explosão repentina ou a ser esmagados sob um bloco de ardósia. Desastres deste gênero se reproduziam constantemente, e a minha inquietação era imensa.

Muitas crianças, e das menores, eram obrigadas a passar grande parte da vida nas minas de carvão, longe de qualquer espécie de estudo. Penso que ainda hoje isto acontece, coisa triste, pois tenho muitas vezes notado que, em geral, os rapazes que ali se criam são física e mentalmente atrofiados. Não desejam sair, não têm nenhuma ambição.

Nesse tempo, e mais tarde, às vezes me entretinha conjecturando os sentimentos e as aspirações dum rapaz branco absolutamente livre nos seus desejos, capaz de exercer uma atividade enorme. Invejava esse homem que desconhecia obstáculos, podia tornar-se deputado, bispo, governador ou presidente da República, por ter nascido branco, e tentava imaginar de que modo me comportaria em circunstâncias análogas. Via-me no pé da escada e ia subindo, subindo sempre, até o último degrau.

A inveja dos meus anos de mocidade já não existe: aprendi que o êxito não se deve medir pela posição que um sujeito alcança na vida, mas pelas dificuldades que precisa vencer para triunfar. Assim, não hesito em declarar que, praticamente, a impopularidade da sua raça deu ao negro vantagens inestimáveis. Por via de regra, o homem de cor é obrigado a consumir-se, a esmerar-se no que faz, para que o seu trabalho seja aceito; mas nessa luta desigual e encarniçada ganha força e confiança em si mesmo, o que não se dá com o branco, habituado a percorrer caminhos agradáveis. De qualquer modo acho bom ser o que sou, um negro. Sempre me desgostou ouvir pessoas que, sem alegar méritos próprios, utilizam direitos, privilégios, distinções provenientes da cor da pele. Esses indivíduos me entristecem, pois estou convencido de que não é o fato de pertencer a uma raça julgada superior que eleva o homem, se ele não tem merecimento, nem o de provir duma raça considerada inferior que prejudicará o que tem valor intrínseco. Todos os seres perseguidos acharão consolações infinitas na grande lei humana, universal e eterna, que faz que o mérito, escondido sob qualquer pele, seja enfim reconhecido e recompensado. Não falo assim com a ideia de merecer a atenção dos outros, mas desejo pôr em evidência a minha raça, raça de que me orgulho.

Capítulo III
Luta pela educação

Um dia, mourejando na mina de carvão, percebi a conversa de dois mineiros que discutiam a respeito duma grande escola para negros instalada num ponto qualquer da Virgínia. Até então, relativamente a casas de ensino, eu só tinha ouvido falar em coisas miúdas como a que existia na cidade onde morávamos. No escuro, aproximei-me dos dois homens. E soube que a escola grande funcionava unicamente para indivíduos da minha raça, que os estudantes pobres aprendiam lá um ofício e podiam pagar com trabalho uma parte da pensão. Isto me pareceu a coisa melhor do mundo; o céu não devia ser mais atraente que a escola normal e agrícola de Hampton, assunto da conversa dos mineiros.

Logo decidi entrar nesse estabelecimento, apesar de não saber onde ele ficava nem o que devia fazer para chegar lá. Sabia é que precisava ir a Hampton — e este pensamento me atormentou dia e noite.

Continuei a trabalhar no carvão. Passados alguns meses, porém, ouvi referência a um emprego em casa do general Lewis Ruffner, proprietário do alto forno e da mina. A sra. Viola Ruffner, mulher do general, uma ianque do Vermont, tinha fama de ser dura demais com as pessoas que a serviam, especialmente com os homens. De ordinário ficavam em casa dela duas ou três semanas e saíam todos contando a mesma história: não aguentavam o rigor da generala. Apesar de prevenido, resolvi experimentar um serviço que não podia ser pior que a mina. Minha mãe deu os passos necessários, e empreguei-me com salário bem modesto.

Tanto me impressionava a reputação da sra. Ruffner que tremi quando me achei na sua presença. Mas não tardei em compreender o que ela desejava. Primeiramente exigia presteza e método, queria que tudo estivesse limpo; em segundo lugar não dispensava honestidade e franqueza. Nada de sujeira ou desleixo; as cercas e as portas deviam conservar-se em bom estado.

Antes de me dirigir a Hampton, fiquei uns dezoito meses em casa do general — e as lições que aí recebi foram tão proveitosas como as que me deram depois. Ainda hoje desejo apanhar os papéis velhos que encontro perto das casas ou na rua, varrer os pátios, fincar as estacas soltas das cercas, caiar e pintar os muros enxovalhados, chamar a atenção de alguém para a falta de botões num casaco, para manchas de gordura em roupa ou soalho.

O receio que a sra. Ruffner me inspirava transformou-se em confiança, e afinal considerei-a uma das minhas melhores amigas. Quando percebeu que podia fiar-se em mim, foi uma excelente pessoa. Nos dois invernos que passei em casa dela obtive permissão para ir à escola uma hora por dia, durante alguns meses. Fiz, porém, a maior parte dos meus estudos à noite, sozinho ou auxiliado por mestres eventuais. A sra. Ruffner interessou-se por mim e aprovou, com bondade, os esforços que eu fazia para instruir-me. Em casa dela organizei a minha primeira biblioteca. Arranjei um caixão, tirei-lhe um dos lados, preguei umas tábuas dentro e aí reuni todos os livros que me caíram nas mãos. Era minha biblioteca.

Apesar dessas vantagens, não abandonei a ideia de entrar no instituto de Hampton. No outono de 1872 resolvi esforçar-me para chegar lá, embora ignorasse a direção que devia seguir e os gastos que a viagem acarretaria. Só minha mãe apoiava a minha ambição, e ela própria, coitada, andava inquieta, receava que me lançasse numa aventura perigosa. Em todo o caso concordou comigo. Meu padrasto e o resto da família tinham consumido o pouco dinheiro que eu havia ganhado, deixando-me apenas alguns dólares, insuficientes para roupas e outras despesas necessárias. Meu irmão John fez o que pôde para ajudar-me e conseguiu pouco, naturalmente, pois ganhava na mina uma insignificância e quase tudo ia para o sustento da casa. O que mais me comoveu nesse projeto de viagem foi o interesse que me testemunharam muitos negros velhos. Tinham-se mortificado na escravidão, sem nunca imaginar que um dos seus sairia de casa para estudar. E as ofertas surgiram: moedas de cobre, níquel e prata, lenços.

Afinal veio o dia grande, e parti para Hampton. Levava num pequeno saco alguma roupa que tinha conseguido arranjar. Minha mãe estava de cama, bem doente, e a separação foi dolorosa: receei não tornar a vê-la. Contudo, a pobre mulher conservou a coragem até o fim.

Nesse tempo a Virgínia e a Virgínia Ocidental não estavam ligadas por linha férrea: fazia-se parte da viagem em trens, parte em diligências. Entre Malden e Hampton há umas 150 léguas. E logo que me pus a caminho percebi, sem nenhuma sombra de dúvida, que o dinheiro se acabaria depressa.

Não esquecerei nunca uma das minhas primeiras decepções. Tinha andado muitas horas na montanha, numa velha diligência, que à noite parou diante duma casa suja, de aparência modesta, a que davam o nome de hotel. Todos os viajantes, menos eu, eram brancos. Ignorante, supus que o hotel estivesse ali para acolher os passageiros cansados: não me ocorreu que a cor da pele tivesse qualquer coisa com isso. Quando todos os viajantes se acomodaram e se dispuseram a cear, apresentei-me timidamente ao homem do escritório. Realmente não possuía com que pagar casa e comida, mas esperava merecer a benevolência do proprietário, pois não tinha onde abrigar-me, e as montanhas da Virgínia eram frias. Sem me falar em pagamento, o homem recusou-se a tomar o meu pedido em consideração. E compreendi o que significava a cor da minha pele. Apesar de tudo, consegui aquecer-me andando nos arredores, onde passei a noite. Tão preocupado me achava com a ideia de alcançar Hampton que nem tive tempo de pensar no hoteleiro.

Finalmente, viajando a pé, em carruagem e em trens, cheguei à cidade de Richmond, na Virgínia, pouco mais ou menos a trinta léguas de Hampton. Era alta noite — e sentia-me estafado, esfomeado, sujo. Nunca vira uma cidade grande, e isto me perturbava em demasia. Não tinha um vintém no bolso, um conhecido no lugar, e ignorando os costumes, andava à toa, sem saber para onde ir. Dirigi-me a várias casas, pedindo hospedagem, mas os donos exigiam dinheiro, e era exatamente o que me faltava.

Nada tendo que fazer, passeei nas ruas, observei numerosas exposições de comidas onde havia frangos assados e tortas de maçã em forma de meia-lua, coisas que me enchiam a boca d'água. A tentação era tão grande que eu trocaria os sonhos do futuro por uma coxa de frango ou uma torta. Nem frango nem torta, absolutamente nada para comer.

Caminhei até depois de meia-noite. Por fim não pude mais avançar. Estava morto de fome e cansaço, mas a coragem não me abandonava. Detive-me num canto de rua, junto a uma calçada muito alta, convenci-me de que ninguém me via e arreei, estirei-me no chão, o saco de roupa servindo-me de travesseiro. Durante a noite ouvi sempre rumor de passos por cima da minha cabeça.

Levantei-me no dia seguinte um pouco melhor, mas a fome era horrível. Quando a manhã clareou e distingui as coisas em redor, notei que me achava perto dum grande navio donde se descarregava ferro fundido. Apresentei-me ao capitão, pedi-lhe que me deixasse trabalhar na descarga para obter almoço. O capitão, um branco, tinha bom coração e aceitou-me. Trabalhei muitas horas — e a refeição que tomei depois foi a melhor da minha vida. Ficaram satisfeitos comigo e convidaram-me para continuar na descarga com salário pequeno. Fiquei ali vários dias. Pago o alimento, não sobrava muito para a soma necessária à viagem. Desejando chegar logo ao meu destino, economizei quanto pude. E continuei a dormir na calçada.

Muitos anos mais tarde, os negros de Richmond ofereceram-me uma demonstração de amizade. Essa manifestação, em que tomaram parte umas duas mil pessoas, realizou-se perto do lugar onde me alojei — e, devo confessá-lo, o meu pensamento fugia da cerimônia cordial, dirigia-se à calçada que me havia abrigado a miséria.

Feitas as economias indispensáveis, agradeci ao capitão do navio e pus-me de novo a caminho. Cheguei a Hampton com alguns níqueis no bolso para começar a minha educação. A viagem longa tinha sido penosa, mas a grande casa de três andares compensou o que eu havia padecido para vê-la. Se as pessoas que deram dinheiro para levantar aquele edifício soubessem a impressão que ele produziu em milhares de rapazes como eu, certamente se animariam a recomeçar a sua liberalidade. Era o prédio mais belo e mais alto que eu tinha visto. Maravilhei-me olhando-o, senti que uma nova existência ia abrir-se para mim, que a minha vida ia transformar-se completamente. Resolvi não me deter diante de nenhum obstáculo.

Transpus os portões do estabelecimento, apresentei-me a uma funcionária e pedi-lhe que designasse a minha classe. Como tinha estado longo tempo sem alimentar-me direito, sem me lavar e sem mudar de roupa, o exterior não me favorecia — e percebi que a mulher hesitava em receber-me. Afinal eu não tinha o direito de queixar-me se me tomavam por mendigo ou vagabundo. Durante algum tempo fiquei ali rondando, procurando a melhor forma de mostrar que, apesar de tudo, era digno de interesse. Enquanto esperei, vi diversos rapazes serem admitidos, e isto me embaraçou enormemente, pois me sentia capaz de fazer tanto como os outros, se me dessem oportunidade. Ao cabo de algumas horas a mulher me disse:

— É preciso varrer a sala aqui ao lado. Tome esta vassoura e despache-se.

Compreendi imediatamente que me havia chegado ocasião de exibir os meus préstimos. Nunca uma ordem foi executada com tanto zelo.

Eu sabia varrer: graças à sra. Ruffner, servia-me proficientemente da vassoura. Varri a sala três vezes, tomei depois um molambo, esfreguei-a quatro vezes. Rodapés, mesas, carteiras, bancos foram esfregados e res-fregados. Além disso, desloquei os móveis, limpei os cantos, as bandeiras das portas e das janelas. Parecia-me que, em grande parte, o meu futuro dependia da impressão que a limpeza produzisse no espírito da mulher. Concluído o trabalho, fui ter com ela. Era ianque e sabia descobrir poeira. Andou pela sala, examinou o soalho e as bandeiras, em seguida tomou o lenço e passou-o nos rodapés, nas paredes, nas mesas e nos bancos. Findou a inspeção e disse calmamente:

— Acho que podemos aceitá-lo nesta casa.

Considerei-me um dos viventes mais felizes da terra. Meu exame de admissão no colégio consistiu num exercício de varredela — e nunca estudante de universidade, Harvard ou Yale, teve provas que lhe dessem tanto prazer. Submeti-me depois a numerosos exames, mas aquele foi o melhor de todos.

Eis aí o que suportei para entrar no instituto. Dificuldades terríveis. Contudo, centenas de moços, desejosos de instruir-se por qualquer preço, chegavam nesse tempo a Hampton e a outros estabelecimentos depois de viagens semelhantes à minha.

O exame de vassoura aplanou-me o caminho do estudo. Miss Mary F. Mackie, inspetora geral, ofereceu-me um lugar de criado, que aceitei com entusiasmo, porque assim poderia pagar a minha pensão. Trabalho duro, mas perseverei nele. Devia ocupar-me com um grande número de quartos, ficava acordado até alta noite, erguia-me às quatro horas da manhã para acender os fogos e, no meio de tudo, precisava dispor duns minutos para lançar os olhos às lições. Enquanto vivi em Hampton e depois que de lá saí, miss Mary F. Mackie conservou-se minha amiga fiel e preciosa: os seus conselhos me deram ânimo, sustentaram-me nas horas mais tristes.

Referi-me à impressão que o aspecto geral do instituto de Hampton produziu em mim. O que, porém, mais me preocupou aí foi um ho-mem, o ser mais nobre que já vi: o general Samuel C. Armstrong. Tive a honra de conhecer pessoalmente muitos grandes caracteres, na Europa e na América, e sem hesitação declaro que não encontrei nin-guém como o general Armstrong. Eu vinha da escravidão e da mina, estava cheio de influências ruins, sentia-me degradado — e para mim era privilégio enorme a vizinhança do general. Logo o achei perfeito, junto dele eu pensava em qualquer coisa sobre-humana. Encontrei-o no dia da minha chegada. E desde então até a morte dele nunca esse homem deixou de crescer aos meus olhos. Tirassem de Hampton as aulas, os professores, tudo quanto ali se ensinava, e deixassem aos alunos o direito de ouvir o general Armstrong — eles obteriam uma educação liberal. Quanto mais envelheço, mais me convenço de que nenhuma educação adquirida em livros e nos mais luxuosos laboratórios iguala a que nos proporciona o contato dos grandes homens e das grandes mulheres. Em vez de estudarmos constantemente em livros, acho que seria melhor estudarmos os homens e as coisas.

No fim da vida, o general Armstrong passou dois meses na minha casa de Tuskegee. Estava paralítico: mal podia mexer-se e tinha perdido a fala quase completamente. Enfermo assim, trabalhava sem descanso, noite e dia, pela causa a que se havia dedicado. Negligenciava os seus interesses, creio que nunca teve um pensamento egoísta. Com o mesmo entusiasmo, trabalhava em Hampton e auxiliava estabelecimentos do Sul. Tinha-se batido contra os sulistas na Guerra Civil, e entretanto nunca o ouvi dizer sobre eles uma palavra amarga; longe disto: esforçava-se por achar meio de servi-los.

Ninguém imagina cá fora a autoridade que o general exercia sobre os estudantes, a confiança que inspirava. Adoravam-no. Dificilmente poderíamos supor que ele se metesse numa empresa e falhasse, que pedisse qualquer coisa e os outros não corressem para atendê-lo. Quando estava em minha casa, no Alabama, doente que mal se afastava da cadeira de rodas, um dos seus antigos alunos julgou-se feliz conduzindo-o, com enorme esforço, até o cume duma colina íngreme. Chegando lá em cima, esse homem exclamou, cheio de alegria:

— Que felicidade! Enfim pude fazer alguma coisa pelo general.

Enquanto vivi em Hampton, os dormitórios se encheram a ponto de se tornar difícil conseguir lugar para os que desejavam ser admitidos. O general teve então a ideia de construir tendas que deviam servir de quartos de dormir e deu a entender que ficaria satisfeito se alguns dos antigos fossem passar nelas os meses de inverno. Quase todos se ofereceram. Fui com eles. O inverno que aguentamos nas tendas, terrivelmente frio, nos incomodou em excesso, mas o general nada percebeu, porque ninguém se queixou. Ficávamos contentes sabendo que aquilo era do seu agrado e que facilitávamos a educação dum grande número de pessoas. Às vezes, alta noite, uma rajada soprava forte, a tenda ia pelos ares e ficávamos ao relento. O general tinha o costume de visitar-nos pela manhã — e a sua voz grave e alegre nos dava coragem, fazia tudo esquecermos.

Falei até agora do general Armstrong. Entretanto, ele não era único: pertencia a um exército de cristãos, homens e mulheres que, no fim da guerra, se tinham devotado ao melhoramento dos pretos. Seria difícil achar na história do mundo pessoas de coração mais elevado e generoso que as que trabalhavam nas escolas negras.

A vida em Hampton era uma surpresa constante para mim, sentia-me transportado a um mundo novo. Comer num prato a horas certas, em mesa com toalha, tomar banho, usar escova de dentes, dormir em cobertores, tudo era novidade. Desses hábitos novos, o mais precioso que adquiri em Hampton foi o banho, que me pareceu bom como higiene e bom para fazer o indivíduo respeitar-se. Nas minhas viagens, depois que deixei a escola, procurei sempre o meu banho diário, às vezes difícil de obter, sobretudo em casas de negros. Em dificuldades semelhantes, apelei para o riacho da floresta. Nunca me cansei de recomendar aos pretos a instalação de banheiros.

Quando entrei no colégio, possuía um par de meias. Lavava-as à noite, pendurava-as junto do fogo e calçava-as pela manhã. De pensão devia pagar dez dólares por mês, parte em dinheiro, parte em trabalho. Ao chegar, dispunha de alguns tostões. Com isso e com os raros dólares que meu irmão conseguia mandar-me, de longe em longe, o pagamento era difícil. Resolvi, pois, tornar-me indispensável como criado. Saí-me bem: logo me comunicaram que me davam a pensão toda pelo trabalho. Restavam as despesas de estudo, e estas montavam a setenta dólares por ano, soma inatingível para mim, evidentemente. Sem poder arranjar essa dinheirama toda, ser-me-ia preciso deixar Hampton. Foi o general Armstrong que me salvou: por instância dele, um dos seus amigos, o sr. S. Griffith Morgan, de New-Bedford, no Massachusetts, consentiu em pagar-me os estudos enquanto eu permanecesse em Hampton. Tive o prazer de conhecê-lo e visitá-lo mais tarde, quando principiei o meu trabalho em Tuskegee.

Outra dificuldade era conseguir livros e roupa. Obtive os livros por empréstimo, de colegas menos pobres que eu. Quanto à roupa, só existia a que tinha vindo na pequena mochila de viagem. Isto me inquietava bastante, pois o general revistava os rapazes para certificar-se de que eles estavam asseados. Era preciso engraxar os sapatos, pregar os botões que se soltavam, não deixar uma nódoa. Ora, vestir uma roupa só na cozinha e na classe, conservando-a limpa, é coisa bem difícil. Enfim arranjei-me como pude, até que os professores notaram que eu desejava ir para diante e ofereceram-me roupas usadas, que vinham ao Norte, destinadas aos estudantes pobres e de algum merecimento. Essas dádivas eram uma fortuna para centenas de rapazes; sem elas, pergunto a mim mesmo se teria podido continuar os meus estudos.

Eu nunca havia dormido em lençóis. Quando cheguei a Hampton, o estabelecimento se compunha de algumas construções, onde os alunos se apertavam. No quarto que me deram havia mais sete pessoas, quase todas chegadas antes de mim. Os lençóis me atrapalharam. Na primeira noite, deitei-me embaixo deles; na segunda noite, deitei-me em cima; na terceira, observei os meus companheiros e aprendi a maneira de usar os lençóis, tratei de habituar-me e fiz o que pude para transmitir a outros a minha experiência.

Eu era dos estudantes mais novos. A maior parte se compunha de gente madura, homens-feitos e mulheres, alguns de quarenta anos. Acho que poucos indivíduos terão tido oportunidade de viver no meio de trezentas ou quatrocentas pessoas animadas de entusiasmo semelhante. Estudavam e trabalhavam o dia inteiro, todos conheciam o mundo e avaliavam a necessidade da instrução. Alguns, muito velhos para entrar seriamente nos manuais, faziam esforços terríveis, supriam pela tenacidade o que lhes faltava em viveza de espírito. Muitos, arrastados como eu, desembrulhando o que havia nos livros, afligiam-se com privações de todo o gênero. Vários tinham parentes idosos que dependiam deles. Havia também homens casados, e esses precisavam fazer milagre para sustentar as mulheres.

A ambição de todos era o aperfeiçoamento da raça, ninguém pensava em si mesmo. E os mestres, os melhores do mundo, trabalhavam sem cessar. No dia em que se souber o que os professores ianques fizeram pela educação dos negros depois da guerra, um capítulo novo, impressionante, surgirá na história deste país. Esse dia não está longe. E então o Sul compreenderá o que até hoje tem ignorado.

Capítulo IV
Auxílio aos outros

Uma dificuldade me apareceu depois do meu primeiro ano de estudo. A maior parte dos alunos passava as férias em casa. Eu não tinha dinheiro para a viagem, e precisava sair: proibia-se naquele tempo aos alunos passar as férias na escola. Senti uma enorme tristeza vendo os preparativos dos colegas. Não podia voltar para casa e não tinha para onde ir.

Possuía um vestuário de segunda mão, ainda bom, adquirido já nem sei como. Decidi vendê-lo e ofereci-o a diversas pessoas da cidade. Enquanto procurava comprador, tentava, na minha altivez de rapaz, esconder aos camaradas a ausência de dinheiro. Passados alguns dias, um negro entrou-me no quarto pela manhã, o que me encheu de esperança. Examinou cuidadosamente o fato, detendo-se nas costuras, e perguntou-me quanto queria por ele. Pedi três dólares, preço que lhe pareceu razoável.

— Muito bem — declarou o sujeito com a maior naturalidade. — Levo a roupa. Dou-lhe cinco tostões agora e o resto vem depois. Está certo?

Imaginem como fiquei. Depois disso vi que era impossível deixar Hampton. Desejava ardentemente ir para algum lugar onde pudesse trabalhar e ganhar qualquer coisa. Professores e alunos partiram; fiquei só, num imenso desânimo.

Depois de muitas buscas na cidade e nos arredores, empreguei-me num restaurante em Fortress Monroe. Pagavam-me pouco, o necessário para a comida, mas deixavam-me tempo, que utilizei nos estudos e em leituras. Esse verão foi, portanto, proveitoso.

Devia à escola dezesseis dólares que não tinha podido pagar com trabalho. O meu mais vivo desejo era arranjar essa quantia e saldar a conta, uma dívida de honra. Nem deveria tornar ao colégio, se não pudesse liquidá-la. Economizei em excesso, lavei, engomei, privei-me das coisas mais necessárias. Contudo, o inverno chegou ao fim e os dezesseis dólares não vieram. Ora um dia, na última semana que passei no restaurante, achei no chão uma nota nova de dez dólares, que levei ao proprietário. Este ficou muito satisfeito e me disse tranquilamente que, tendo o dinheiro sido encontrado em sua casa, tinha o direito de guardá-lo. E guardou-o. Devo confessar que experimentei um choque tremendo. Isto, porém, não me desalentou. Olhando para trás na minha vida, não me lembro de, em trabalho que eu tenha decidido realizar, a coragem me haver faltado. Sempre tomei uma resolução com a ideia de que me sairia bem e nunca suportei os indivíduos, muito numerosos, que nos anunciam com boas razões o naufrágio dos nossos planos. As pessoas que me inspiram respeito são as que nos indicam o meio de triunfar.

No fim da semana apresentei-me ao tesoureiro do instituto de Hampton e expus francamente a minha situação. Tive a alegria de saber que poderia continuar os estudos: concediam-me crédito e não marcavam prazo para a realização do pagamento.

Retomei, no segundo ano, as minhas funções de criado. A instrução obtida em livros é apenas uma parte insignificante do que Hampton me deu. O que me impressionava fortemente era o desinteresse dos professores, aquela estranha abnegação que eu mal podia compreender. Parecia que eles só pensavam nos outros. Não tardei em perceber que os homens felizes são os que semeiam benefícios. Esforcei-me por não esquecer esta verdade.

Considero vantajoso para mim ter-me familiarizado com os animais e haver-me interessado pela avicultura. Tínhamos aves das melhores variedades. O estudante que se habitua a criá-las não se contenta com variedades medíocres.

No segundo ano comecei a estudar a Bíblia seriamente, graças a miss Nathalia Lord, professora de Portland. Foi ela que me ensinou a admirar e amar essa leitura, pelo que aí se contém de edificação e pelo valor literário. Confesso que nunca havia percebido nada disso. As lições que recebi ficaram profundamente gravadas, e ainda hoje, por muito ocupado que esteja, nunca deixo de ler um pedaço da Bíblia todos os dias, antes do trabalho.

Se tenho alguma aptidão como orador, devo igualmente parte dela a miss Lord. Notando em mim disposições para a tribuna, instruiu-me sobre a maneira de respirar, a entonação, a articulação. Falar por falar nunca me tentou. Para dizer a verdade, acho inútil e vão discutir em público um assunto abstrato. Desde a minha infância desejei fazer alguma coisa pela humanidade — e falar ao mundo a respeito disso. As discussões oratórias que tínhamos em Hampton eram para mim uma fonte de prazer intelectual. Realizavam-se no sábado à tarde. Assisti a todas, e até organizei uma dessas reuniões. Entre a ceia e o estudo noturno perdíamos regularmente vinte minutos em conversas fúteis. Resolvemos então utilizar esse tempo em discussões — e acho que a aplicação desses vinte minutos de folga muito proveito nos deu.

No fim do ano, graças ao dinheiro remetido por minha mãe e por meu irmão e à generosa oferta que me fez um mestre, pude passar as férias em Malden. Aí chegando, soube que as usinas de sal não funcionavam e a exploração da mina cessara, por causa da greve dos mineiros.

Minha mãe e os outros membros da família ficaram encantados com o progresso que eu havia conseguido naqueles dois anos de ausência. A satisfação dos negros da cidade, especialmente dos mais velhos, tocava-me o coração. Fui obrigado a visitá-los, sentar-me com eles à mesa e em toda parte fazer um relatório da minha vida em Hampton. Além disso, tive necessidade de falar na igreja, diante das crianças da escola dominical, e em outros lugares. O que mais desejava, porém, trabalho, não me apareceu, por causa da greve. Passei quase um mês procurando um emprego que desse para as despesas da volta e para os primeiros gastos da reinstalação.

Nessa busca permanente, afastei-me um dia de casa. Como de ordinário, nada consegui. Voltei à noite, fatigado em excesso, e a um quarto de légua da cidade não me foi possível dar mais um passo: recolhi-me, para descansar, numa casa em ruína que encontrei no campo. Às três horas da madrugada meu irmão deu comigo ali, despertou-me e comunicou-me docemente que nossa mãe tinha morrido. Foi um golpe tremendo. Fazia muitos anos que minha mãe não gozava de saúde, mas ao deixá-la na véspera nada me fazia supor que eu fosse encontrá-la morta. Sempre tinha desejado estar junto dela naquele terrível momento. O que mais me estimulava em Hampton era a necessidade de obter uma boa situação que me permitisse dar sossego à pobre velha. E a ambição dela tinha sido viver bastante para ver os filhos instruídos e colocados.

Com a morte de minha mãe tudo em redor de nós caiu num estado de confusão extrema. Minha irmã Amanda fazia o possível para desobrigar-se, mas era ainda muito nova, e meu padrasto não estava em condições de chamar uma empregada. Assim, tínhamos às vezes alimentos preparados, outras vezes nada tínhamos. Houve dias em que a nossa refeição consistiu numa lata de tomates em conserva e bolachas.

Ninguém cuidava das nossas roupas, e na casa havia uma desordem completa. Julgo que foi esse o período mais sombrio da minha vida.

A sra. Ruffner, excelente amiga, auxiliou-me de muitas formas nesse tempo difícil. Pouco antes do fim das férias arranjou-me emprego. Ganhei algum dinheiro na mina de carvão.

Um instante perguntei a mim mesmo se não seria preciso renunciar à ideia de tornar a Hampton. Livrei-me dessas dúvidas: não abandonaria sem luta um projeto que me enchia a vida. Necessitava roupas de inverno; contentei-me com algumas peças que meu irmão adquiriu. Em falta de outras coisas, havia pelo menos o indispensável para a viagem, e isto me encantava. Chegando a Hampton, ficaria tranquilo: tornar-me-ia necessário no serviço e atravessaria sem dificuldade novo ano de estudo.

De repente uma agradável surpresa me chegou, uma carta em que miss Mary F. Mackie exigia a minha presença na escola quinze dias antes da abertura das aulas, a fim de ocupar-me da limpeza e dos arranjos necessários. Isso me encheu as medidas: ia conseguir um crédito nos livros do tesoureiro. Parti imediatamente para Hampton.

E aí chegando, tive longamente diante dos olhos um exemplo que nunca esquecerei. Miss Mackie pertencia a uma das mais antigas e mais distintas famílias do Norte. Apesar disso, trabalhou duas semanas junto de mim, limpando janelas, esfregando móveis, arrumando camas. Queria que todas as vidraças estivessem imaculadas — e não descansava. Eu vivia num assombro: aquela mulher de classe elevada, inteligente e culta, rebaixava-se a trabalhos grosseiros para levantar a raça desgraçada. Desde então me insurgi contra as escolas negras onde não se cultiva a dignidade do trabalho.

Nesse último ano dediquei-me com energia ao estudo: aproveitei todos os minutos que as minhas funções de criado me deixavam. Pretendia fazer exames brilhantes e figurar na lista de honra dos oradores na distribuição dos prêmios.

Realizei o meu sonho: em junho de 1875 terminei o curso. Devo o que alcancei primeiramente à influência do general Armstrong, o caráter mais vigoroso e nobre que já conheci, em segundo lugar à compreensão exata do que significa a instrução para o homem. No começo eu havia pensado, como os negros em geral, que instrução queria dizer vida agradável e fácil, isenta de qualquer trabalho manual. Em Hampton aprendi que o trabalho, longe de constituir desonra, deve ser amado e independentemente do que nos oferece em pecúnia: deve ser amado pelo bem que nos causa, pela convicção que nos proporciona de podermos ser úteis aos outros. Lá compreendi o desinteresse. Vi que os homens verdadeiramente felizes são os que se dedicam à felicidade alheia.

Não tinha um tostão no bolso quando terminei os exames. Com diversos estudantes que estavam em situação precária, saí em busca de emprego. Coloquei-me como garçom num hotel de verão, em Connecticut. Em pouco tempo notei que não possuía grande habilidade na arte de servir, embora o dono do hotel teimasse em ver em mim um garçom verdadeiro. Logo me confiou a mesa onde comiam quatro ou cinco fregueses ricos. A minha ignorância era tão grande que esses homens não me aguentaram: repreenderam-me com dureza, e eu fugi apavorado, abandonei-os diante da mesa vazia. Depois desse procedimento fui retrogradado para a situação de bicho de cozinha. Desejava entretanto ajeitar-me no serviço. E tanto fiz que, no fim de algumas semanas, puderam reintegrar-me nas minhas funções.

Tempos depois, quando entrei a viajar, muitas vezes me hospedei nesse hotel onde fui garçom.

No fim da estação voltei para Malden, e nomearam-me diretor da escola de negros. Fui quase feliz. Estava certo de que ia ser útil aos homens da minha cidade, mostrando-lhes um ideal de vida. E ao mesmo tempo ensinaria aos moços que não é somente nos livros que se obtém instrução.

O meu trabalho começava às oito horas da manhã e em geral não findava antes das dez da noite. Além da educação regulamentar que se ministra em toda a parte, eu acostumava os meus alunos a pentear os cabelos, tratar da roupa, lavar a cara e as mãos. Inculcava-lhes sobretudo a necessidade do banho e da escova de dentes. Durante a minha carreira de ensino convenci-me de que a escova de dentes é um dos mais poderosos agentes de civilização.

Havia numerosos adultos que, apesar dos trabalhos diários, ardiam por instruir-se. Por isso tornaram-se necessárias as classes noturnas, que logo foram tão frequentadas como as outras. Era realmente admirável o esforço dessas criaturas, algumas de mais de cinquenta anos.

Ocupava-me ativamente com essas classes. Além disso, fundei um salão de leitura, uma sociedade para debates oratórios e duas escolas dominicais. Dava também lições particulares a vários rapazes que se destinavam a Hampton. Não me preocupava com remuneração, e se podia, auxiliava os mais necessitados que eu. É verdade que o orçamento municipal me concedia uma pequena soma.

Esfalfando-se nas minas para manter a família, meu irmão tinha-se conservado ignorante. Eu desejava prepará-lo e arranjar dinheiro que lhe permitisse a manutenção na escola. Consegui o que esperava. Meu irmão esteve três anos em Hampton, fez o seu curso — e atualmente é diretor do ensino profissional no colégio de Tuskegee. Quando ele voltou da escola, reunimos os nossos esforços e as nossas economias para enviar a Hampton nosso irmão adotivo Jayme. Tivemos bom resultado: Jayme é diretor duma seção em Tuskegee.

O meu segundo ano de professor em Malden, 1877, não diferiu sensivelmente do primeiro. Nesse tempo funcionava com intensidade a Ku Klux Klan, terrível associação que tinha por objetivo fiscalizar a atitude dos negros, especialmente em matéria política. Assemelhava-se um pouco às *patrulhas*, de que ouvi contar histórias na senzala. As *patrulhas* compunham-se de rapazes brancos que observavam todos os atos dos escravos, proibiam que eles fizessem *meetings*, não estando presente pelo menos um branco, e que à noite fossem duma fazenda a outra sem passaporte. A Ku Klux Klan, como as *patrulhas*, operava às escuras, mas era mais cruel que elas. Queria destruir qualquer ambição política no preto e não se limitava a isto: incendiava escolas e igrejas, martirizava grande número de inocentes. Os atos desses bandos de vagabundos produziram no meu espírito de rapaz uma forte impressão. Fui, em Malden, testemunha duma rixa entre brancos e negros. Em cada lado havia bem um cento de homens. Muitos ficaram gravemente feridos, entre eles o general Lewis Ruffner, marido de minha amiga, a sra. Viola Ruffner. O general quis defender os negros e foi atirado ao chão, recebeu feridas de que nunca se curou completamente. O espetáculo dessa luta roubou-me toda a esperança no futuro da minha raça na América. Foram dias medonhos.

Se me refiro a esse episódio triste, é apenas com o fim de mostrar a mudança que se operou no Sul desde o tempo da Ku Klux Klan. Essa horrível associação desapareceu, até o nome dela está hoje esquecido. Em poucos lugares do Sul o espírito público suportaria agora a existência de semelhante organização.

Capítulo V
O despertar

O espaço que vai de 1867 a 1878 pode ser considerado, segundo julgo, o período em que a raça começou a levantar-se. Compreende o tempo em que fui estudante em Hampton e diretor da escola na Virgínia Ocidental. Duas ideias principais dominavam então a maior parte dos negros: admiravam excessivamente o grego e o latim e ambicionavam tornar-se funcionários.

É claro que um povo durante séculos mantido na escravidão e no paganismo não podia conceber repentinamente a educação. Nesse tempo, nos estados do Sul, as escolas se enchiam de alunos de todas as condições, alguns de sessenta e setenta anos. Disposições muito louváveis, sem dúvida, mas desgraçadamente quase todos pensavam que, obtendo um pouco de instrução, ficariam livres das maçadas deste mundo ou, pelo menos, das canseiras do trabalho manual. Estavam certos de que saber, embora pela rama, grego e latim fazia um sujeito crescer demais. Lembro-me da admiração enorme que me inspirou o primeiro negro que ouvi arranhar uma língua estrangeira.

Dos que adquiriam alguma instrução, muitos se tornavam mestres-escolas e pastores. Entre eles havia realmente homens capazes, sérios e piedosos, mas o maior número dedicava-se a essas profissões para ter uma vida fácil. Havia professores que apenas sabiam assinar o próprio nome. Nos arredores da nossa cidade um desses procurava lugar. Como alguém lhe perguntasse que iria ele dizer às crianças a respeito da forma da terra, o nosso homem respondeu que estava disposto a ensinar que a terra é chata ou redonda, conforme a opinião da maioria dos seus clientes.

Na religião foi uma vergonha, que ainda continua, não obstante a situação haver melhorado, vergonha por causa da ignorância e também por causa da imoralidade dos que se diziam chamados a pregar. Logo depois da abolição, os negros que sabiam ler começaram a receber esses *chamados*, que ordinariamente vinham poucos dias depois de eles deixarem os bancos da escola. Na Virgínia Ocidental o costume era bem curioso. O indivíduo interessado recebia a inspiração geralmente na igreja. Caía no chão, ficava horas estendido, calado, imóvel — e corria a notícia de que ele tinha tido um *chamado*. Se o homem não se dava por vencido, caía duas vezes, três vezes, até que acabava por ceder. Quando eu era menino e desejava com desespero estudar, atormentava-me o receio de que, satisfeita a minha ambição, um desses *chamados* me aparecesse. Nunca me veio nenhum, não sei por quê.

O número de pregadores, alguns instruídos e muitos ignorantes, era, portanto, elevado. Conheci uma igreja onde havia para duzentas ovelhas dezoito pastores. Como quer que seja, o nível intelectual do pastor subiu em numerosas comunidades do Sul. E dentro de alguns anos os elementos maus estarão consideravelmente reduzidos. À medida que os negros se foram incorporando na indústria, os *chamados* se tornaram menos frequentes. Quanto ao pessoal do ensino, o progresso é ainda mais notável.

Como crianças dependentes dos pais, os nossos homens tudo esperavam do governo. Natural. Durante mais de dois séculos o país se havia enriquecido pelo trabalho do escravo. Não sei por que o governo federal, vendo o sacrifício que faziam os estados, não tomou, logo depois da libertação, as medidas necessárias para facultar aos negros meios que lhes permitissem cumprir os seus deveres cívicos. Enfim, não custa censurar. Talvez os governantes daquela época fértil em dificuldades não tenham podido fazer o que era preciso. Contudo, recordando essa primeira fase da nossa liberdade, lamento não se ter exigido para o exercício do voto um certo grau de instrução, uma certa quantidade de riqueza, ou as duas coisas juntas, condições que seriam impostas honestamente e imparcialmente às duas raças.

Apesar de novo nesse tempo, eu via muita coisa errada, que não podia durar. Fazia-se com os negros uma política artificial, baseada em princípios falsos. Da ignorância deles aproveitavam-se os brancos para galgar postos elevados. E havia nos estados do Norte um partido que, por vingança, forçava os negros a aceitar lugares em que eles se julgavam superiores aos brancos do Sul. Quem aguentaria as consequências disso? O preto, evidentemente. Por outro lado, a agitação política cegava os homens de cor, desviava-os do que tinha importância para eles: a aprendizagem dum ofício e a aquisição da propriedade.

Nesse momento veio-me a tentação de lançar-me na vida pública, mas livrei-me disso ao pensar que me seria possível realizar tarefa mais útil preparando, pela educação intelectual, moral e profissional, uma raça forte. Vi negros funcionários civis e negros legisladores que não sabiam ler e tinham moralidade e inteligência bem deficientes. Andando há tempo numa cidade do Sul, notei que alguns retelhadores no trabalho se dirigiam a um companheiro dando-lhe o nome de governador. Muitas vezes ouvi gritos:

— Acaba com isso, governador, mais telha. Depressa, governador.

Curioso, pedi informações. E soube que se tratava dum preto que tinha sido governador do seu estado.

Contudo, nem todos os negros que nessa época exerceram funções públicas importantes eram indignos. Alguns, como o senador B. K. Bruce e o governador Pinchback, eram homens honestos e úteis. Mesmo entre os aventureiros do Norte havia pessoas de caráter, como o governador Bullock, da Geórgia.

Certamente os negros, destituídos de experiência política, cometeram enormes faltas, o que teria acontecido a qualquer outro povo assim ignorante. Os brancos do Sul continuam persuadidos de que, se se permitisse hoje aos pretos o exercício de direitos políticos, eles recairiam nos mesmos erros. Acho que não recairiam: estão muito mais experientes e mais instruídos que há 35 anos e aprenderam à sua custa que não podem privar-se do concurso dos seus vizinhos brancos. Estou certo de que o futuro político do negro estará garantido quando os estados que acharem conveniente modificar a sua legislação eleitoral elaborarem leis imparciais que se apliquem igualmente às duas raças. As minhas observações diárias no Sul convencem-me de que qualquer maneira diferente de proceder seria injusta para com o preto, para com o branco e para com todos os outros estados da União. Seria, como a escravidão, uma iniquidade.

No outono de 1878, depois de dois anos de ensino em Malden, onde preparei vários rapazes, várias moças e meus dois irmãos para o instituto de Hampton, resolvi passar alguns meses em Washington, D. C., a fim de prosseguir nos meus estudos. Fiquei lá oito meses, largamente aproveitados pelo que aprendi e pelo conhecimento que travei com alguns homens e mulheres de caráter rijo. Não se ministrava nessa instituição nenhum ensino profissional, coisa que a diferençava muito de Hampton, onde grande parte do tempo se gastava nessa instrução. Em Washington os alunos viviam folgadamente, vestiam à moda e às vezes mostravam inteligência brilhante. Pela organização de Hampton, rapazes e moças podiam fazer bons estudos à custa de alguma pessoa que a administração descobria, mas eram obrigados a pagar pensão, roupa, fornecimentos, morada, e isto se fazia com dinheiro ou com serviço. Os estudantes de Washington dispunham de recursos, os de Hampton precisavam dedicar-se ao trabalho manual, o que era muito importante para a formação do caráter. Pareceu-me que os rapazes de Washington não eram muito sólidos nem muito independentes e se preocupavam demais com as aparências. No fim dos estudos estavam íntimos do latim e do grego, mas desconheciam as verdadeiras exigências da vida que iam encontrar mais tarde lá fora. Depois de alguns anos de conforto, dificilmente voltariam aos distritos rurais do Sul, onde a vida não era doce. Prefeririam empregar-se como garçons.

Quando morei em Washington, a cidade estava cheia de negros, muitos chegados do Sul. A ideia de que se tinha na capital uma vida fácil determinara essa afluência. Uns haviam conseguido lugares modestos na administração, outros, mais numerosos, esperavam nomeações do governo. Alguns negros, homens de valor, tinham assento na Câmara dos Deputados, e um deles, B. K. Bruce, estava no Senado. Tudo isso contribuía para fazer de Washington um lugar encantador para os negros, que no distrito da Columbia podiam invocar a proteção da lei. As escolas públicas de Washington eram melhores que as do resto do país.

Tive a intenção de fazer sobre o meu povo um estudo de costumes, que me pareceu interessante. Se havia uma quantidade razoável de homens competentes e bons cidadãos, havia também grande número de indivíduos fúteis e leviano que me inquietavam. Vi negrinhos que ganhavam quatro dólares por semana gastarem metade disto no domingo, rodando em carruagem na avenida de Pensilvânia, bancando milionários. Outros que recebiam ordenados de setenta a cem dólares estavam encalacrados no fim do mês. E alguns saíam do Congresso e pouco depois se achavam na miséria. Havia os que depositavam confiança no governo e pretendiam que se criassem cargos especialmente para eles. Nenhuma ambição além disso.

Desejei muitas vezes ter o poder mágico de transportar essa grande massa para o campo, ligá-la ao solo, base imutável que não engana.

Em Washington, conheci jovens lavadeiras que, havendo frequentado as escolas públicas durante seis ou oito anos, tinham a respeito de toalete exigências absurdas. As necessidades aumentavam e os meios de satisfazê-las continuavam os mesmos. Seis ou oito anos de estudo haviam afastado do trabalho essas raparigas, que muitas vezes acabavam mal. Nada disso aconteceria se lhes tivessem dado na escola, juntamente com a cultura literária, uma boa educação profissional.

Capítulo VI
Negros e índios

Nessa época, um sério movimento se operou na Virgínia Ocidental com o fim de se mudar a capital do estado, que era Wheeling, para uma cidade mais central. O poder legislativo designou três localidades, entre elas Charleston, que ficava légua e meia de Malden, minha residência.

Ora, os brancos daí, quando voltei de Washington, me fizeram a surpresa de convidar-me para, em discursos, defender os interesses da cidade. Aceitei o convite e falei três meses em diferentes lugares. Charleston tornou-se sede do governo. E a reputação que adquiri como orador nessa campanha fez que várias pessoas me aconselhassem a lançar-me na vida pública. Resisti, como já havia resistido, certo de que podia ser mais útil aos negros de outra forma. Achava-me profundamente convencido de que a minha gente necessitava de um pouco de instrução, habilidade industrial e alguma riqueza, coisas mais dignas de esforços que as situações que a política proporciona.

Quanto a mim, parecia-me que, embora me fosse possível abrir caminho na política, não me devia ocupar com ela: a satisfação dum desejo egoísta prejudicaria o dever que me havia imposto de trabalhar pela educação do meu povo.

Nesse tempo os negros que estudavam pretendiam tornar-se advogados e deputados, e as negras tencionavam ser professoras de música. Eu achava que havia coisas mais urgentes que o preparo de advogados, deputados e professoras de música. E pensava na história dum preto velho que, no tempo da escravidão, queria aprender a tocar violão. Esse preto dirigiu-se a um dos seus senhores, que, tendo confiança diminuta no talento dele, tentou dissuadi-lo deste modo:

— Tio Jake, você terá lições de violão. Cobro-lhe três dólares pela primeira, dois pela segunda, um pela terceira e meio pela quarta.

— Muito bem, patrão — concordou tio Jake. — Está feito o negócio. Mas o senhor não poderia começar pela quarta lição?

Apenas terminada a minha tarefa em defesa de Charleston, recebi uma carta que muito me alegrou. O general Armstrong convidava-me para, na distribuição dos prêmios, falar em nome dos estudantes diplomados. Eu não sonhava com semelhante honra. Preparei, pois, sobre "A força que triunfa", o melhor discurso que pude arranjar. Dirigindo-me a Hampton, fiz o mesmo trajeto que havia feito seis anos antes. E, no vagão da estrada de ferro, pensava constantemente nessas duas viagens. Posso dizer, sem receio de mostrar vaidade, que raramente seis anos produziram mudança tão completa na vida dum homem.

Professores e estudantes em Hampton receberam-me de braços abertos. Notei que, depois da minha saída, o instituto havia progredido muito. Ele não fora modelado por nenhum outro. Todos os melhoramentos aí, frutos da excelente direção do general Armstrong, eram ditados pelas exigências da hora presente e pelo interesse do público. Acontece muitas vezes que, civilizando raças atrasadas, missionários e educadores cedem à tentação de fazer o que se fez em países distantes e em tempos distantes: aplica-se a indivíduos diferentes o mesmo sistema de educação, sem levar em conta o estado intelectual de cada um e o resultado que se deseja obter. Não se deu isso em Hampton.

Toda a gente me prodigalizou felicitações por causa do meu discurso. E acabava de regressar a Malden, para retomar as minhas classes, quando o general Armstrong me chamou novamente a Hampton, onde queria que eu continuasse os meus estudos e me encarregasse duma parte do ensino. Foi isto no verão de 1879. Pouco depois da minha chegada à Virgínia Ocidental, eu tinha escolhido quatro alunos inteligentes, além de meus dois irmãos, e me havia ocupado especialmente com eles. Recebidos em Hampton, tinham entrado nas classes elevadas, e a isto eu devia a honra de ser chamado como professor. Entre esses rapazes que preparei achava-se Samuel E. Courtney, hoje dr. Samuel Courtney, médico muito conhecido, membro do *School board* de Boston.

O general Armstrong desejava experimentar a educação dos índios, coisa que em geral se considerava impossível. Fez uma tentativa em ponto grande: trouxe do Oeste mais de cem selvagens completamente ignorantes, quase todos moços. E incumbiu-me de vigiá-los, manter a disciplina, examinar-lhes cuidadosamente a roupa e os dormitórios. Era uma boa ocupação, mas afastava-me do trabalho a que me sentia fortemente ligado na Virgínia Ocidental, e isto me desgostava. Contudo, resignei-me, pois nada podia recusar ao general Armstrong. Alojei-me, pois, em companhia de 75 índios. Eu era ali o único representante da minha raça, e pareceu-me no começo que não poderia fazer grande coisa por eles. Sabia que, em regra, os índios se consideravam superiores aos brancos e, com mais forte razão, superiores aos negros, que se tinham submetido à escravidão, coisa que eles nunca suportariam. Tinham, pelo contrário, possuído escravos no seu território.

A ideia de civilizar índios em Hampton foi acolhida com bastante ceticismo. Senti prontamente a minha responsabilidade e achei que devia proceder com circunspecção. Não me custou, porém, ganhar a confiança dos meus índios, e mais que isto, a sua amizade e o seu respeito. Descobri que eram pouco mais ou menos como todas as criaturas humanas, sensíveis à bondade e rebeldes à violência. Tentaram por todos os meios agradar-me. O que mais os descontentava era a obrigação de cortar os cabelos, não fumar e abandonar os cobertores de lã que lhes serviam de roupa. Mas precisavam conformar-se: o americano de pele branca só julga civilizado o homem que se vista como ele e se alimente como ele, fale a sua língua e pratique a sua religião.

Logo que os índios souberam exprimir-se em inglês, aprenderam ofícios e entraram no estudo facilmente. Comovia-me a satisfação que os negros manifestavam em servi-los. Havia realmente alguns que não os viam com bons olhos, mas eram em número reduzido. E nunca deixavam de recebê-los como companheiros de quarto quando era preciso, para habituá-los a falar inglês e tomar os costumes de pessoas civilizadas. Não sei quantas instituições de brancos teriam acolhido assim indivíduos duma raça estranha. Eu desejaria que os brancos compreendessem isto: quanto mais uma raça é abjeta e desgraçada, mais se elevam aqueles que procuram elevá-la.

Isto me faz pensar numa conversa que tive com Frederick Douglass. Viajava ele em trem na Pensilvânia e, por causa da cor, foi obrigado a meter-se num vagão de mercadorias, tendo pagado como os outros passageiros. Alguns brancos foram falar com ele, mostrar descontentamento por vê-lo degradado.

— Ninguém poderia degradar Frederick Douglass! — exclamou o negro, erguendo-se da mala que lhe servia de assento. — Nenhum homem degrada a alma que está aqui dentro. Degradados estão os que tentaram envergonhar-me infligindo-me esse tratamento.

Numa região onde a lei exige ainda a separação das cores nos trens, assisti a uma cena curiosa, pela qual se via que às vezes é bem difícil estabelecer linha de demarcação entre as duas raças. Tratava-se dum negro, realmente negro, porque os seus o reconheciam como negro, tão branco, porém, que um perito qualquer se enganava com ele. Esse homem viajava no compartimento dos pretos. O condutor descobriu-o e ficou embaraçado: se o sujeito era negro, não podia viajar no vagão dos brancos; se era branco, seria injúria fazer-lhe perguntas a respeito de raça. Examinou-o cuidadosamente, observou-lhe os cabelos, os olhos, o nariz, as mãos — e continuou perplexo. Enfim teve a ideia de baixar-se e olhar os pés da criatura.

— Isto vai decidir a questão — disse comigo.

Realmente, o funcionário afastou-se, deixando o negro em paz, e a minha raça não se desfalcou, o que achei ótimo.

Pode-se julgar a distinção dum homem pelas relações que ele mantém com pessoas de raça menos favorecida que a sua. Não seria possível encontrar melhor exemplo que o do proprietário do Sul que trata com antigos escravos e descendentes de escravos. A anedota atribuída a George Washington é significativa. Conta-se que um dia, tendo ele correspondido à saudação dum negro, alguém considerou isto uma condescendência inútil.

— O senhor não quereria — disse Washington — que um negro pobre e ignorante fosse mais polido que eu.

As minhas relações com os índios revelaram-me, por várias vezes, as extravagâncias originadas pelos preconceitos de raça. Um dos rapazes adoeceu e foi-me necessário levá-lo a Washington, adquirir no Ministério do Interior um passaporte que lhe permitisse regressar ao Oeste. Nesse tempo eu tinha muito pouca prática dos costumes em voga. No vapor que nos conduzia a Washington, antes de sentar-me à mesa, deixei que os outros passageiros se levantassem. Disseram-me não obstante, muito cortesmente, que só o índio se podia servir. Perguntei a mim mesmo que diferença notavam entre nós dois, pois éramos pouco mais ou menos da mesma cor. Em Hampton tinham-me dado o endereço do hotel onde nos devíamos hospedar em Washington. Aí me fizeram a mesma objeção: só o meu companheiro podia ser recebido.

Assisti mais tarde a um fato semelhante, que ia tendo consequências desagradáveis. Numa cidade vi o povo mexer-se num assanhamento horrível. Temi que fossem linchar alguém. Dera motivo a essa enorme agitação o aparecimento dum homem escuro que se atrevera a hospedar-se num hotel da localidade. Mas a cólera da multidão esmoreceu: o autor inocente do barulho era marroquino e sabia inglês, língua que, por prudência, deixou de falar.

Ao cabo dum ano em meio dos índios, fui chamado para um novo lugar, que julgo um presente da Providência. Foi aí que me preparei para a obra de Tuskegee. O general Armstrong havia notado que muitos negros e negras desejavam instruir-se e não podiam entrar no instituto de Hampton, por falta de recursos. Concebeu então a ideia de fundar uma classe noturna para um número pequeno de alunos, os melhores, moças e rapazes, que deveriam trabalhar dez horas por dia e estudar duas. Receberiam como paga quantia superior ao preço da pensão. A maior parte do salário seria depositada na caixa da escola e serviria, depois de um ano ou dois, para as despesas necessárias quando os estudantes frequentassem as aulas comuns. Ganhariam eles e ganharia o instituto.

O general pediu-me que tomasse a direção dessa classe noturna. Comecei com uma dúzia de rapazes e moças, gente robusta e séria. Os homens trabalhavam na serraria da escola, as mulheres, na lavanderia. Serviço bem áspero, mas na minha carreira de professor não tive alunos que me dessem maior satisfação. Estudavam e cumpriam os seus deveres rigorosamente. Não paravam antes do toque da sineta, e algumas vezes pediam o prolongamento das lições. Mostravam tanto ardor que lhes dei o nome de *classe dos bravos*, expressão que se tornou popular no estabelecimento e ainda hoje permanece. Quando um aluno seguia algum tempo o meu curso noturno, recebia um certificado que lhe dava muito prazer: "Declaro que F. pertence à *classe dos bravos*, é assíduo, etc." Esses certificados contribuíram para a reputação que a classe noturna alcançou.

Em algumas semanas o número de estudantes elevou-se a vinte e cinco. Entre eles há alguns que nunca perdi de vista e hoje ocupam situações elevadas no Sul. Essa classe noturna de Hampton, iniciada modestamente com doze pessoas, conta agora trezentos ou quatrocentos alunos e tornou-se uma das partes essenciais da instituição.

Capítulo VII
Princípios de Tuskegee

Enquanto me dedicava aos índios e à classe da noite em Hampton, prosseguia nos meus estudos sob a direção de professores especiais. Um deles, o reverendo dr. H. B. Frissel, é hoje diretor do instituto de Hampton.

Em maio de 1881, a ocasião me chegou de entrar no meu verdadeiro caminho, e isto de maneira absolutamente inesperada. Uma tarde, na capela, depois do serviço habitual, o general Armstrong me contou que lhe pediam do Alabama alguém com habilitação para dirigir uma escola normal de negros que desejavam fundar na pequena cidade de Tuskegee. Esperavam um branco, naturalmente. Mas o general Armstrong me surpreendeu perguntando se me sentia com força para encarregar-me dessa tarefa. Respondi que estava disposto a sujeitar-me à experiência. Ele comunicou aos interessados que não havia no momento nenhum branco disponível, mas que, se eles aceitavam um negro, podia recomendar-lhes um. Passaram-se alguns dias sem resposta; afinal um domingo à tarde chegou um telegrama com estas palavras: "Booker Washington convém. Mande-o imediatamente."

Mestres e alunos trouxeram-me parabéns pelo convite. Parti para Tuskegee. Demorei-me um pouco na Virgínia Ocidental, onde visitei a minha gente.

Tuskegee era uma cidadezinha de dois mil habitantes, mais de metade pertencentes à raça negra. Situava-se na parte chamada a *Cintura Negra*, onde a população de cor é o triplo da branca, e em alguns lugares, o sêxtuplo. Acho que a expressão *Cintura Negra* serviu a princípio para designar uma região de solo escuro. Efetivamente a terra é negra e muito fértil. Por isso os escravos foram para lá transportados em grande número. Mais tarde, especialmente depois da guerra, a expressão tomou um sentido exclusivamente político e aplica-se aos estados onde os negros estão em maioria.

Esperei, chegando em Tuskegee, achar uma escola instalada, pronta para funcionar. Imaginem a minha decepção: não encontrei nada. Em compensação, havia centenas de criaturas desejosas de instruir-se.

A légua e meia da estrada de ferro, a que se ligava por um ramal, Tuskegee era o ponto ideal para uma escola. No tempo da escravidão havia sido um centro de educação para os brancos. Realmente achei o nível intelectual deles mais elevado aí que em outros lugares. Os pretos eram ignorantes, mas não haviam caído no vício e na abjeção, o que se dá nas classes inferiores das grandes cidades. E por felicidade negros e brancos mantinham relações cordiais. Um exemplo: a maior loja de quinquilharia da cidade tinha dois proprietários, um branco e um negro, que viveram juntos até a morte deste último.

Um ano antes da minha chegada a Tuskegee, alguns negros, sabendo o que se fazia em Hampton, tinham pedido à assembleia do estado a quantia necessária para a fundação duma escola normal. Fora concedida a soma anual de dois mil dólares, mas este dinheiro, segundo me disseram, só podia ser despendido com ordenados de professores. E nada havia para a compra do terreno, construção do edifício e instalação da escola. A empresa não me parecia fácil. O que me consolava era ver negros cheios de entusiasmo, sempre dispostos a oferecer-me os seus serviços para que a ideia não fosse por água abaixo.

Procurei um lugar conveniente. Depois de percorrer a cidade, o que achei melhor foi uma cabana em ruína, dependência duma velha igreja metodista que os pretos utilizavam. Igreja e cabana reunidas formaram uma sala de classe, mas tudo ali estava num estrago feio, tão grande que, se chovia, um aluno ficava de pé, com um guarda-chuva aberto por cima da minha cabeça, enquanto durava a lição. Na casa onde me hospedei acontecia o mesmo — guarda-chuva nas horas das refeições.

Quando cheguei ao Alabama, os pretos se interessavam excessivamente pela política. E queriam inocular-me as suas opiniões. Um deles, escolhido para acaudilhar-me, dizia-me gravemente:

— É preciso que o amigo vote conosco. Não sabemos ler jornais, isto não sabemos, mas sabemos votar, e é preciso que o amigo vote conosco. Observamos cuidadosamente os brancos até conhecermos para que lado pendem os votos deles. Votamos então em sentido contrário, e estamos certos de que, procedendo assim, não erramos.

Atualmente essa tendência para votar contra o branco, porque é branco, pouco a pouco desaparece: os negros começam a enxergar princípios e a eleger os indivíduos recomendados pelo interesse geral.

Foi em junho de 1881 que cheguei a Tuskegee. Passei um mês procurando casa para a escola; em seguida percorri o Alabama, com o fim de estudar os costumes do povo, sobretudo no campo; afinal iniciei a propaganda do estabelecimento projetado. Viajava numa charrete puxada por um burro, comia e dormia em casa de gente simples, visitava fazendas, escolas, igrejas, e, como de ordinário me apresentava inesperadamente, surpreendia a vida real do povo, sem disfarces.

Nos distritos agrícolas as habitações tinham apenas um quarto de dormir onde se acomodava toda a família, não raro alguns parentes afastados e até pessoas que não tinham com ela nenhuma ligação. Para mudar a roupa ou deixar que os outros se deitassem, muitas vezes tive necessidade de sair. Preparavam-me a cama no chão, ou davam-me lugar numa cama já ocupada. Impossível fazer a toalete dentro de casa. Para isso a gente ia ao pátio, onde em geral se encontrava o necessário.

A alimentação compunha-se de toucinho e pão de milho. E em certas mesas vi apenas pão de milho e ervilhas cozidas com água. Essas coisas vinham do mercado e eram caras, mas ninguém se lembrava de obter outra comida. Podiam cultivar bons legumes na terra excelente, mas só se interessavam pelo algodão, que plantavam em todos os lugares.

Em moradas de pobres encontrei máquinas de costura de sessenta dólares e relógios de doze a quatorze dólares, tudo comprado a prestações. Durante um jantar achei-me em horrível atrapalhação vendo um garfo para cinco pessoas. Entretanto havia junto da mesa um harmônio de sessenta dólares, comprado a prestações, naturalmente. Ora vejam. Um garfo e um harmônio de sessenta dólares. O pior é que as máquinas de costura não serviam para nada, o harmônio enfeitava a sala e os relógios ficavam parados, porque ninguém sabia coser, ler as horas nem tocar.

Em uma dessas casas percebi que era por minha causa que a família, quebrando os seus hábitos, se sentava à mesa. Ordinariamente não se sentava. Pela manhã, ao levantar-se, a mulher punha um pedaço de carne na caçarola e farinha no tacho, levava esses utensílios ao fogo, e dez minutos depois o almoço estava pronto. O homem tomava o pão e a carne e saía comendo, enquanto marchava para o campo; a mulher servia-se num prato, algumas vezes na caçarola ou no tacho; os meninos alimentavam-se correndo no jardim. Em algumas quadras do ano a carne se tornava rara e então era um luxo inatingível às crianças, que não tinham força para trabalhar na lavoura.

Depois do almoço a família geralmente abandonava a casa e dirigia-se ao algodoal, onde todos os indivíduos capazes de pegar numa enxada trabalhavam. Deitava-se o bebê no chão (pois quase sempre havia um bebê), debaixo dum algodoeiro, e quando era possível, a mãe suspendia a tarefa e ia amamentá-lo. O jantar e a ceia eram pouco mais ou menos iguais ao almoço.

Todos os dias da semana se passavam desse jeito, exceto o sábado e o domingo. No sábado a família ia à cidade fazer compras. Com o dinheiro que havia, uma pessoa em dez minutos faria os negócios necessários; contudo, o pessoal ficava o dia inteiro na cidade, passeando nas ruas, as mulheres fumando e tomando tabaco. O domingo era gasto em *meetings*.

Nos lugares que percorri achei, com poucas exceções, as colheitas hipotecadas e os lavradores cobertos de dívidas.

O Estado não pudera construir escolas no campo, de modo que geralmente as aulas se davam nas igrejas ou em cabanas de madeira, desabrigadas. Como não havia lá dentro nenhum aquecimento, fazia-se um fogo no pátio, onde mestres e alunos se acomodavam, quando era preciso. Em regra, os professores eram lamentavelmente mal preparados e tinham fraco valor moral. As aulas duravam de três a cinco meses por ano. Material quase nenhum: apenas um rude quadro-negro. E um dia vi cinco meninos estudando num livro único. Dois, sentados, seguravam o volume; dois, em pé, olhavam por cima dos ombros dos primeiros; o quinto, muito pequeno, tentava desesperadamente abrir uma passagem entre os companheiros.

O que referi sobre escolas e mestres aplica-se também às igrejas e seus ministros.

Encontrei nas minhas viagens alguns tipos bem interessantes. O caso seguinte revela o juízo dos camponeses pobres dessa época. Pedi a um preto sexagenário que me falasse da sua vida. Contou-me que nascera na Virgínia e fora vendido em 1845 no Alabama. Quando lhe perguntei quantos haviam sido vendidos com ele, respondeu-me:

— Éramos cinco: meu irmão, eu e três burros.

Narrando o que observei nos arredores de Tuskegee, não pretendo insinuar aos leitores que aí só havia misérias. Se insisti nas condições em que achei a população nesse tempo, foi apenas com o intuito de patentear as transformações que se realizaram depois, não somente pela ação da escola de Tuskegee, mas também graças a outras instituições.

Capítulo VIII
Aulas numa estrebaria e num galinheiro

Devo confessar que um mês de viagens e observações me trouxe um desânimo profundo: a educação daquela gente me parecia tarefa superior às minhas forças. Sentia-me só, achava que o meu trabalho renderia uma insignificância em relação ao tamanho da empresa. Perguntava a mim mesmo se os meus esforços serviriam para alguma coisa e se valeria a pena começar. Estava absolutamente convencido, vista a situação moral e intelectual do meu povo, que os estudos não bastavam. Foi aí que percebi direito a sabedoria do sistema inaugurado pelo general Armstrong em Hampton. Evidentemente era um erro prender numa classe durante horas as crianças que ali viviam soltas, como bichos.

Depois de me entender com alguns cidadãos de Tuskegee, fixei o dia 4 de julho de 1881 para início dos trabalhos na igreja e na cabana destinadas a eles. Os pretos interessavam-se pela nova escola e esperavam impacientes a inauguração, mas vários brancos dos arredores viam com maus olhos o nosso projeto: duvidavam que ele fosse útil aos negros e temiam sobretudo uma cisão entre as duas raças. Alguns receavam que o negro perdesse qualidades preciosas sob o ponto de vista econômico. Se ele adquirisse conhecimentos, abandonaria as plantações. E ninguém acharia mais criados. Esses brancos, adversários da nova escola, imaginavam o negro instruído um homem de chapéu alto, monóculo com aro de ouro, bengala de junco, sapatos lustrosos, luvas de pele, enfim, um sujeito decidido a viver do trabalho intelectual. Outra figura de negro instruído não surgia nos espíritos.

Nas minhas primeiras dificuldades e durante os dezenove anos que se seguiram, encontrei um apoio constante e conselhos proveitosos em dois homens, os meus melhores amigos em Tuskegee: o sr. George W. Campbell, branco e antigo proprietário, e o sr. Lewis Adams, negro e antigo escravo. Foram eles que escreveram ao general Armstrong pedindo um diretor para a escola. O sr. Campbell, negociante e banqueiro, tinha-se conservado alheio às questões de ensino; o sr. Adams, operário, fora no tempo da escravidão sapateiro, seleiro e funileiro. Sem nunca frequentar escola, conseguira aprender leitura e escrita.

Esses dois homens adotaram o meu plano de educação, associaram-se às minhas esperanças e ajudaram-me nas minhas experiências. Nunca, em dias de aperto, recorri à bolsa do sr. Campbell sem que recebesse imediatamente um auxílio eficaz. Ninguém me orientaria tão bem nos negócios da escola como esses dois homens, um antigo senhor de escravos e um ex-escravo. Sempre me pareceu que o sr. Adams possuía aquela extraordinária força de caráter por haver adquirido três ofícios no tempo da escravidão. Ainda hoje, se alguém nos estados do Sul deseja ver um negro notável, pode estar certo de que lhe indicam um que, sendo escravo, achou meio de aprender um ofício.

Quando a escola se abriu, umas trinta pessoas se matricularam, homens e mulheres, a maior parte de Macon. Muitos alunos se apresentaram, mas havíamos decidido só receber os de mais de quinze anos e que tivessem alguns estudos. Entre os que foram admitidos, vários haviam ensinado em escolas públicas e andavam nos quarenta anos. Diversos professores inscreveram-se juntamente com os seus alunos, e, coisa espantosa, depois do exame de admissão, alguns rapazes entraram em classes superiores às dos antigos mestres, que se orgulhavam de ter aprofundado volumes grossos de títulos sonoros. Quanto mais os livros eram pesados e os títulos compridos, mais eles se vangloriavam da sua ciência. Vários tinham ido ao latim, um ou dois ao grego, e com isto julgavam elevar-se.

Realmente nesse mês de viagem a que me referi, uma das cenas mais dolorosas que presenciei foi esta: um rapaz coberto de farrapos imundos, sentado no quarto único duma cabana de madeira, devorando a gramática francesa. Tudo em roda era porcaria, e o mato crescia no jardim.

Esses primeiros estudantes decoravam afincadamente regras complicadas de gramática e matemática, mas ignoravam a arte de aplicar as noções adquiridas às necessidades da vida real. Gostavam de me dizer que eram fortes em aritmética e em contabilidade, mas logo percebi que nem eles nem os seus vizinhos tinham tido contas num banco.

Inscrevendo os nomes dos alunos, percebi que todos, sem exceção, intercalavam uma inicial entre o nome e o sobrenome. Jayme Johns passava a Jayme J. Johns. Informei-me a respeito da significação dessa letra, e responderam-me que ela constituía o título da pessoa.

Quase todos os estudantes desejavam tornar-se professores. Fora isso, eram criaturas cheias de boa vontade, sempre dispostas a cumprir os seus deveres. Eu queria dar-lhes uma instrução sólida e simples. Logo percebi que nada sabiam das ciências que afirmavam ter estudado. Também notei que as raparigas achavam perfeitamente no mapa a capital da China e o Saara, mas eram incapazes de achar as facas e os garfos, a carne e o pão na mesa. Era-me necessário um pouco de coragem para dizer a um sujeito vaidoso de raiz cúbica e contabilidade que ele devia aprender tabuada de multiplicação.

O número de alunos cresceu e ao cabo dum mês chegou a cinquenta. Na entrada quase todos anunciavam que ficariam dois ou três meses: esperavam escorregar nas classes adiantadas e concluir os estudos rapidamente.

No fim de um mês e meio de trabalho, apareceu-me uma colega, mulher de inteligência rara, miss Olivia A. Davidson, com quem mais tarde me casei. Miss Davidson tinha nascido no Ohio e estudado numa escola pública. Muito nova, sabendo que havia falta de professores no Sul, dirigira-se ao estado do Mississippi e mais tarde a Memphis, no Tennessee, onde se dedicara ao ensino. Um dos seus alunos fora atacado de varíola e toda a gente fugira com medo. Então miss Davidson fechara a escola, instalara-se junto da criança até a cura completa. Em seguida, a febre amarela rebentara em Memphis, a epidemia mais terrível que já houve no Sul. Apesar de nunca ter tido semelhante doença, miss Davidson telegrafara à autoridade oferecendo os seus serviços como enfermeira.

Essa moça admitia que a educação puramente livresca não convinha a uma escola de pretos. Por isso, ouvindo falar em Hampton, para lá se encaminhara. A sua inteligência brilhante chamara a atenção da sra. Maria Hemenway, que lhe facultara os meios de, recebidos os diplomas em Hampton, passar dois anos na escola normal de Framingham, no Massachusetts. No momento de partir para Framingham, alguém lhe dissera que, sendo ela tão clara, poderia passar por branca na outra escola, o que lhe seria muito proveitoso. Sem hesitação, ela respondera que não pretendia enganar ninguém.

Foi pouco depois de terminar o curso em Framingham que miss Davidson chegou em Tuskegee, para onde trouxe ideias novas sobre métodos de ensino, uma excelente natureza e capacidade notável de abnegação. Ninguém melhor que ela contribuiu para a fundação e o engrandecimento da escola de Tuskegee.

Logo no começo entendemo-nos admiravelmente. Os alunos entravam bem nos livros, mas achávamos que, para deixar neles uma impressão duradoura, devíamos dar-lhes alguma coisa mais que noções científicas. Nos lugares donde eles vinham ninguém se importava com higiene. E as casas que agora ocupavam em Tuskegee em geral não eram melhores que as que haviam deixado no campo. Desejávamos incutir-lhes a necessidade de tomar banho, escovar os dentes, cuidar da roupa, alimentar-se direito e dormir em quartos limpos. Queríamos também que aprendessem ofícios, adquirissem a habilidade necessária para desembaraçar-se lá fora. Pretendíamos levá-los a pensar na vida prática.

A maior parte deles vinha dos distritos agrícolas. Nos estados do golfo do México, 85% dos negros viviam da cultura da terra. Indispensável que os nossos estudantes não se esquecessem dos trabalhos rurais, não fossem aumentar inutilmente a população das cidades. Sem dúvida era conveniente preparar muitos deles para o ensino, mas tencionávamos enviá-los ao campo a fim de inculcar aos negros nova energia e novas ideias, princípios morais, religiosos e intelectuais.

Tudo isso nos preocupava, quase nos acabrunhava. Que fazer? Dispúnhamos da cabana em ruína e da igreja abandonada que os pretos nos haviam amavelmente oferecido. O número dos alunos aumentava dia a dia, e isto nos desanimava. Certamente os nossos esforços seriam vãos. Toda a gente ambicionava instruir-se para livrar-se do trabalho material. E eu me lembrava de certo preto que, num dia quente de julho, interrompeu subitamente a limpa do algodoal, ergueu as mãos ao céu e exclamou:

— Deus de misericórdia! O algodão não presta, o trabalho é duro e o sol queima como fogo. Parece que este negro vai ser chamado a pregar o Evangelho.

Três meses depois da abertura da escola, quando nos achávamos mais cheios de inquietações, uma velha propriedade, a um quilômetro de Tuskegee, foi posta à venda. A casa-grande, antiga residência do proprietário no tempo da escravidão, tinha sido queimada, mas o local era excelente. E, examinando o terreno, vi que ele convinha admiravelmente à nossa empresa. O preço não era elevado: quinhentos dólares apenas. O diabo é que não havia dinheiro. Nem dinheiro nem a esperança de encontrá-lo. O dono da terra fazia o negócio recebendo metade à vista e metade com o prazo dum ano. Transação ótima. Desgraçadamente eu não possuía absolutamente nada.

Nessa conjectura, tomei coragem e escrevi ao general J. F. B. Marshall, tesoureiro do instituto de Hampton, expondo-lhe o caso e pedindo-lhe um empréstimo de 250 dólares. Alguns dias depois chegou a resposta: nela o general me dizia que não dispunha da caixa do instituto, mas que do seu próprio dinheiro me enviava a importância pedida. Isto me trouxe enorme surpresa. Eu nunca havia possuído mais de cem dólares, e a soma que o general Marshall me emprestava era imensa para mim, a responsabilidade do pagamento vexava-me como um fardo pesado.

Fiz a compra e mudei a escola para a velha propriedade. De construções havia ali um resto de sala de jantar, uma cozinha, uma estrebaria e um galinheiro, tudo bastante arruinado. Trabalhamos algumas semanas em limpeza e consertos. Reformamos a estrebaria e fizemos dela uma sala de classe. Depois foi preciso restaurar o galinheiro. Quando falei nisso ao preto velho que ali vivia e me auxiliava algumas vezes, o homem arregalou o olho, espantado:

— Que está dizendo, mestre? Limpar o galinheiro de dia, para todo mundo ver?

Grande parte das obras foi realizada pelos alunos, depois dos trabalhos escolares. Logo que tivemos casa, resolvi amanhar um terreno para cultivar trigo, ideia a que os meus jovens amigos torceram o nariz. Não admitiam relação entre a cultura do trigo e a ciência, e os que tinham sido professores perguntavam se a enxada era compatível com a dignidade de pedagogos. Para afastar dúvidas, habituei-os a ver-me todos os dias, findas as lições, tomar o machado e encaminhar-me ao bosque. Percebendo que eu não tinha vergonha de trabalhar, todos me acompanharam com entusiasmo. E conseguimos preparar um campo de tamanho razoável e semear o nosso trigo.

Enquanto nos ocupávamos nisso, miss Davidson fazia todas as espécies de combinações para liquidar o empréstimo. Começou organizando festas e ceias pagas. Batia a todas as portas de Tuskegee, e obtinha um bolo aqui, um frango acolá, pães e tortas que à noite se vendiam. Os negros ofereceram o que puderam, mas os brancos também foram generosos: nesse tempo e depois não nos faltou a contribuição deles.

As ceias de miss Davidson e uma subscrição que fizemos renderam bastante. Todos contribuíram, e tocavam-me o coração as dádivas de negros velhos calejados no cativeiro: moedas de cobre, um cobertor, um feixe de canas-de-açúcar. Lembro-me perfeitamente da visita que me fez uma negra de setenta anos. Entrou na sala coxeando, apoiada a um bordão, coberta de farrapos, mas farrapos limpos.

— Sr. Washington — disse —, passei a maior parte da vida na senzala. Sou bruta e pobre, mas adivinho o que o senhor e miss Davidson querem fazer. Dinheiro não tenho: trago-lhe esta meia dúzia de ovos que guardei para a educação dos pretos.

Tenho recebido para a escola de Tuskegee muitas ofertas; nenhuma, porém, me sensibilizou como essa.

Capítulo IX
Dias de angústia e noites de insônia

No fim do ano tivemos ensejo de apanhar certos aspectos da vida do povo no Alabama. A festa de Natal foi anunciada por numerosos ranchos de crianças que, de manhã cedo, nos acordavam gritando:
— Presentes, presentes para o Natal!
Em três horas tivemos umas cinquenta dessas visitas. É um costume que ainda existe em alguns lugares do Sul.

No tempo da escravidão concedia-se aos negros pelo Natal uma semana de folga, que eles aproveitavam caindo na bebedeira. Essa tradição conservava-se nos arredores de Tuskegee: interrompia-se o trabalho durante sete dias, e homens e mulheres, até pessoas que não gostavam de bebida, tomavam pileques. Em toda parte ouviam-se gargalhadas, estouros de busca-pés, tiros de pistola e de espingarda.

Num desses dias de férias fui visitar uma fazenda próxima. Os habitantes aí tinham ideias esquisitas sobre o modo de festejar o nascimento de Jesus. Numa cabana cinco meninos dividiam um pacote de bombas; em outra seis pessoas rodeavam uns bolos minguados; adiante havia dois ou três pedaços de cana-de-açúcar para uma família inteira; mais longe o ministro da localidade e sua esposa, junto a um pote de aguardente ordinária, emborrachavam-se dignamente. Vi sujeitos que se divertiam muito olhando gravuras de reclame. Outros haviam comprado pistolas novas. Nada que nos fizesse pensar no Salvador do mundo. O trabalho suspenso, os campos abandonados, toda a gente passeando pelos caminhos. À noite havia danças, danças primitivas que, depois de abundante cachaça, findavam em tiros e navalhadas.

Um negro que encontrei nessa visita, velho e pastor, asseverou-me, citando a Bíblia, que era pecado trabalhar. Deus, no Éden, havia amaldiçoado o trabalho, razão por que o descanso era recomendável. Naquele momento esse honrado pastor se sentia feliz, pois ficava uma semana sem pecar.

Na escola procuramos ensinar aos nossos alunos outra maneira de celebrar decentemente o Natal. Obtivemos excelente resultado: a festa ganhou para eles uma significação nova. Agora os estudantes empregam a semana de férias em atos de beneficência. Como exemplo, menciono a reconstrução da cabana duma pobre negra enferma, de 75 anos, trabalho realizado por alguns rapazes. Certa vez anunciei na capela que um estudante passava mal por falta de casaco. No dia seguinte remeteram-me dois casacos para ele.

Já me referi à benevolência que os brancos de Tuskegee e vizinhança nos dispensaram. Eu desejava que o estabelecimento pertencesse à comunidade, que não vissem nele uma instituição enxertada ali. O fato de haverem contribuído para a compra do terreno dava-lhes a ideia de que aquilo em parte era deles. E tornaram-se decididamente favoráveis à escola quando afirmamos que, se prezávamos os nossos amigos brancos de Boston, contávamos também com os de Tuskegee e esperávamos que o nosso trabalho fosse proveitoso a toda a gente.

Posso agora dizer que o instituto de Tuskegee não possui amigos mais sinceros que os brancos, não apenas da cidade, mas de todo o Alabama e em geral dos estados do Sul.

Sempre recomendei aos estudantes que se aproximassem dos seus vizinhos, sem distinção de cor, fossem leais e direitos. Também os aconselhei a, nas eleições, inspirar-se no interesse público e, não estando em jogo questões de princípios, na opinião dos seus camaradas.

Continuamos a esforçar-nos para obter a quantia necessária ao pagamento da propriedade. Em noventa dias conseguimos os 250 dólares pedidos ao general Marshall, e dois meses depois, de posse dos quinhentos dólares, assinamos a escritura e tomamos conta da fazenda. Experimentamos uma enorme alegria, a nossa felicidade foi completa por nos sentirmos ligados a Tuskegee graças à benevolência de brancos e negros.

Precisávamos agora cultivar a terra. As indústrias de Tuskegee se desenvolveram naturalmente, logicamente, de acordo com as necessidades imediatas. Começamos pela agricultura porque devíamos, antes de tudo, pensar na alimentação. Adotamos um sistema de trabalho remunerador, que permitisse aos alunos fazer as despesas do ano escolar, pois muitos ficavam apenas algumas semanas conosco, tão pobres eram.

O primeiro animal que adquirimos foi um velho cavalo cego, oferta dos brancos da cidade. Possuímos atualmente duzentos cavalos, galinhas, burros, vacas, bois e pouco mais ou menos setecentos porcos, sem falar em muitos carneiros e cabras.

O número de alunos cresceu tanto que, paga a fazenda, iniciada a cultura do solo e terminados os consertos das ruínas, tivemos a ideia de levantar uma casa nova. Arranjamos a planta e, feitos os cálculos, vimos que ela nos iria custar cerca de seis mil dólares, uma exorbitância que nos apavorou. Era-nos, porém, indispensável ir para diante: a instituição seria inútil se não pudéssemos internar os estudantes, modificar-lhes a vida familiar. Logo que o meu projeto se espalhou na cidade, recebi uma excelente proposta que me surpreendeu: um branco do Sul, proprietário duma serraria nos arredores de Tuskegee, ofereceu-nos a crédito a madeira necessária às obras, sem garantia, contentando-se com a promessa de pagamento quando isto nos fosse possível, coisa bem vaga. Confessei-lhe francamente que não tínhamos dinheiro; o homem insistiu e, recolhida uma pequena soma, aceitamos o material.

Miss Davidson pôs-se em campo novamente. O entusiasmo dos negros foi grande. Certo dia em que nos reuníamos para tratar da coleta, um negro velho do tempo da guerra apareceu-nos, trazendo na charrete um porco enorme. Esperou momento favorável, ergueu-se e declarou que, em falta de dinheiro, oferecia um porco magnífico para as despesas do edifício. Terminou deste modo:

— Todo negro que se respeita e tem amor à raça deve trazer um porco na próxima reunião.

Muitos, desprovidos de recursos, nos ofereceram os seus serviços como operários.

Esgotadas as fontes em Tuskegee, miss Davidson resolveu partir para o Norte. Fez visitas, falou nas igrejas, nas escolas dominicais e em outras instituições, empresa difícil, cheia de toda espécie de obstáculos. A nossa escola era desconhecida, mas miss Davidson soube em pouco tempo ganhar a confiança da gente do Norte. O primeiro dinheiro que daí nos veio foi dado por uma senhora de Nova York, em viagem. Conversaram no trem, a nortista ficou satisfeita com a narração da moça e entregou-lhe, na separação, um cheque de cinquenta dólares. Antes e depois do nosso casamento, Olivia Davidson nunca deixou de, em conversas e em cartas, pedir o que necessitávamos. Além disso desempenhava as funções de professora e diretora em Tuskegee, ocupava-se com uma associação protetora de velhos e com os meninos da escola dominical. Sem ser robusta, sacrificava todas as suas forças à causa a que se devotava. Acontecia-lhe às vezes achar-se à noite cansada a ponto de não poder despir-se. Contou-me uma senhora de Boston que, recebendo um dia a visita dela, fora encontrá-la adormecida no salão.

Antes de concluído o nosso primeiro edifício, Porter Hall, assim chamado em honra do sr. A. H. Porter, o nosso maior contribuinte, a pobreza nos apertou horrivelmente. Era-me necessário pagar a um credor exigente quatrocentos dólares, e no dia marcado não havia um níquel em caixa. Achava-me desesperado quando o correio das dez horas me trouxe a importância precisa, enviada por miss Davidson, oferta de duas senhoras de Boston. Mais tarde, quando os nossos trabalhos se desenvolveram e atravessamos novas dificuldades, essas senhoras nos remeteram seis mil dólares, que nos reanimaram. E desde então as duas excelentes amigas de Boston nos mandam seis mil dólares todos os anos.

Aprovado o plano da nova construção, os nossos alunos começaram a cavar os alicerces. Mas cavavam depois do trabalho noturno e não cavavam de boa vontade, porque, como um deles me disse, tinham vindo fazer estudos e não cavar. Pouco a pouco, entretanto, notei que eles mudavam. E o trabalho acabou por se tornar uma honra para todos. Depois de algumas semanas de rude canseira, terminaram-se os alicerces e fixamos o dia para a colocação da primeira pedra.

O lançamento dessa primeira pedra no coração do Sul, em plena *Cintura Negra*, isto é, na região dos escravos, no lugar onde, dezesseis anos antes, quem ensinasse leitura a um negro era punido pelos rigores da lei ou pela censura pública, causava realmente admiração. O espetáculo que tínhamos diante dos olhos nesse dia de primavera não se realizaria, penso eu, em nenhuma outra parte. O primeiro discurso foi pronunciado pelo sr. Waddy Thompson, diretor do ensino. Estavam reunidos professores e alunos, parentes e amigos, funcionários brancos que alguns anos atrás tinham direito de propriedade sobre os que se achavam agora junto a eles. Todos desejavam deixar uma lembrança na primeira pedra.

Atravessamos horas terríveis antes que a casa estivesse pronta. Mais duma vez desfalecemos, achando-nos absolutamente sem recursos no vencimento duma letra. Ninguém imagina os transes que aquela horrível penúria nos fez padecer. Não esquecerei nunca os meus primeiros anos de Tuskegee, as noites que passei a rolar na cama sem poder dormir, atormentado pela ideia fixa de arranjar dinheiro. Precisávamos provar que os negros podiam fundar um estabelecimento de instrução e dirigi-lo convenientemente. Se falhássemos, a raça inteira ficaria comprometida. Tudo era contra nós. Ordinariamente pensavam que o êxito, natural, certo para os brancos, seria para nós quase impossível. Essas considerações pesavam-me na cabeça, tiravam-me o sono.

Devo dizer que, no meio das minhas angústias, das dificuldades permanentes que me acabrunhavam, não me dirigi a branco ou negro sem obter algum auxílio. Muitas vezes recorri a cinco ou seis pessoas para resgatar um título de cem dólares. A minha preocupação constante era salvaguardar o crédito da escola, e isto conseguimos. O sr. George W. Campbell, o branco que teve a ideia de chamar-me a Tuskegee, dizia-me:

— Washington, lembre-se de que o crédito é capital.

Um dia em que nos achávamos em aperto imenso, escrevi ao general Armstrong expondo-lhe francamente a situação. Sem hesitar, ele me enviou num cheque importância correspondente a todas as suas economias, fato que se reproduziu mais tarde.

No verão de 1882, ao cabo dum ano de residência em Tuskegee, casei-me com miss Fanny M. Smith, de Malden. Instalamo-nos em princípio do outono, e a nossa casa se tornou um centro de reunião dos professores, agora em número de quatro. Minha mulher, diplomada em Hampton, ocupava-se ativamente com a escola. Nunca pôde saber, coitada, o desenvolvimento que ela teria para o futuro: morreu em maio de 1884, deixando-me uma filha, Portia M. Washington.

Capítulo X
Uma tarefa difícil

Eu queria que em Tuskegee os alunos se empregassem na cultura da terra, nos serviços domésticos e nas construções. Pretendia incutir-lhes os mais aperfeiçoados métodos de trabalho, no interesse da escola, evidentemente, mas também com o intuito de insinuar-lhes que essas ocupações eram belas, úteis e dignas. Habituaram-se e deixaram de ver nelas um prolongamento da escravidão. E para animá-los, fixar-lhes esses bons propósitos, eu desejava adotar processos modernos, utilizar as forças da natureza: a água, o vapor, a eletricidade.

Muitas pessoas combateram a minha ideia, acharam absurdo confiar a execução de obras de arquitetura a indivíduos incompetentes, mas não me dei por vencido. Admitia que as primeiras construções não ficariam tão perfeitas como as executadas por operários hábeis, mas não seria uma compensação à falta de conforto e de beleza a convicção que os nossos rapazes adquiriam de poder, em qualquer momento, livrar-se de apuros e contar com as próprias forças? Aleguei aos meus contraditores que os alunos, em geral criados no algodão, no arroz e na cana-de-açúcar, eram pobres em demasia, tinham sempre habitado casebres miseráveis. Sem dúvida seria ótimo alojá-los em belos edifícios; parecia-me, porém, mais certo acostumá-los pouco a pouco e começar por ensinar-lhas a maneira de construir as suas próprias moradas. Certamente cometeríamos erros, mas até esses erros nos seriam proveitosos no futuro.

Faz dezenove anos que a escola de Tuskegee funciona, e não mudei de opinião. Os quarenta edifícios aqui existentes foram, com exceção de quatro, feitos pelos estudantes. O resultado é que centenas de pessoas daqui saídas espalharam-se no Sul e vivem das noções práticas recebidas entre nós. Esses conhecimentos facultam-se a todos, de forma que professores e alunos são capazes de levantar um prédio: traçam o plano, executam as obras, instalam os aparelhos elétricos, sem que seja necessário chamar nunca um operário de fora. Em consequência, os alunos dedicam aos edifícios cuidados particulares. É comum ouvirmos um veterano dizer ao novato que risca as paredes a lápis:

— Deixa disso. É a nossa casa.

O que mais nos custou a princípio foi a fabricação de tijolos, de que muito necessitávamos. Havia no mercado uma grande procura deles, e Tuskegee não tinha olaria. Tentamos fazê-los, depois de organizado o trabalho rural. Mas faltava-nos dinheiro e faltava-nos prática. Demais o serviço era pesado e sujo, dificilmente obrigaríamos alguém a conservar-se muitas horas numa fossa, com lama pelos joelhos. Foi nessa ocasião que o espírito de revolta se manifestou com mais intensidade na escola, e muitos estudantes nos deixaram.

Experimentamos diversos terrenos, procurando argila conveniente. Eu sempre havia pensado que a fabricação de tijolos era fácil, mas convenci-me de que ela exigia muita perícia, sobretudo na parte relativa à queima. Depois de grande esforço, conseguimos meter na forma cerca de 25 mil tijolos, que se inutilizaram por falta de forno adequado. Preparamos uma segunda fornada, que igualmente se perdeu. Os alunos cada vez mais desanimavam. Alguns mestres formados em Hampton nos ofereceram os seus serviços e, graças a eles, pudemos levar ao fogo a terceira fornada. A queima durava uma semana. Pois ao cabo desse tempo, quando nos julgávamos de posse de alguns milheiros de tijolos, o forno rebentou e lá se foi tudo embora. Depois do desastre, não me restava um dólar para nova tentativa, e todos achavam que eu devia largar isso. Lembrei-me então de que possuía um relógio: levei-o à cidade próxima de Montgomery, onde havia uma casa de penhores, e recebi por ele quinze dólares, que reanimaram os meus auxiliares e me permitiram a quarta experiência. Dessa vez fomos felizes. No dia do pagamento não houve dinheiro, é claro, e perdi o relógio, que não me fez falta.

Essa indústria prosperou tanto que o ano passado os nossos alunos fabricaram um milhão e duzentos mil tijolos, produto excelente, que acha comprador em qualquer mercado. Numerosos moços viram aí uma profissão rendosa, que exercem agora em várias cidades do Sul.

A vitória que alcançamos melhorou consideravelmente as nossas relações com os brancos. Muitos que não nos dedicavam nenhuma simpatia vieram comprar-nos tijolos, quando viram que eles eram bons. Tínhamos evidentemente algum préstimo, e os que não admitiam nenhuma espécie de capacidade na raça negra começaram a mudar, percebendo que aumentávamos o bem-estar e a riqueza da comunidade. O nosso comércio de tijolos nos tornou bastante conhecidos.

Estabeleceram-se interesses entre os brancos e nós: demos-lhes o que tínhamos, recebemos o que precisávamos, e assim nos entendemos perfeitamente.

É da natureza humana, penso eu, reconhecer e recompensar o mérito, seja qual for a pele que o esconda. Mas o mérito que se manifesta de modo concreto e visível é o que mais poderosamente desvanece os prejuízos. Uma bela casa construída por nós prova mais facilmente a nossa habilidade que uma longa discussão arranjada para demonstrar que somos capazes de construir uma casa. Assim, pensando, fabricamos carruagens, charretes e fiacres. Possuímos atualmente dúzias de veículos no serviço da escola e da fazenda, e oferecemos alguns ao comércio. Construindo e consertando carros, fabricando tijolos, fomos úteis aos brancos e aos negros da localidade.

Quem de qualquer modo se torna indispensável acaba por abrir caminho, qualquer que seja a sua cor.

Se um homem chega a uma cidade com o intuito de ensinar grego, pode não encontrar pessoas dispostas a estudar grego, pode até cair no meio de indivíduos que não vejam nenhuma utilidade no grego. É certo, porém, que todos precisarão de tijolos, casas e veículos. Caso o sujeito que pretende ensinar grego possa, antes de começar, atender às necessidades materiais dos outros, é possível que estes, quando satisfeitos, lhe peçam lições de grego e tirem proveito delas.

No princípio do nosso curso de tijolos tivemos de responder às objeções muito enérgicas dos que repugnavam o trabalho manual. Corria em todo o Alabama que os estudantes de Tuskegee, ricos ou pobres, eram forçados a aprender um ofício. Choveram cartas de pais indignados contra a obrigação imposta a seus filhos de trabalhar no colégio. Outros vinham reclamar pessoalmente, e os novos alunos traziam sempre algumas linhas em que se manifestava o desejo de vê-los ocupar-se unicamente com o estudo. Quanto mais livros, melhor, volumes grossos, pesados, de títulos pomposos.

Não me inquietei com os protestos, mas nas minhas viagens esforcei-me por convencer o povo de que o ensino profissional era uma necessidade. Doutrinava também os meus alunos, e, a despeito da antipatia que toda a gente votava ao trabalho manual, a escola cresceu tanto que, no fim do segundo ano, tínhamos perto de 150 rapazes e moças procedentes de todas as partes do Alabama e de alguns estados vizinhos.

No verão de 1882, miss Davidson e eu nos dirigimos ao Norte a fim de obter recursos para a conclusão do novo edifício. Demorei-me um pouco em Nova York e falei a uma personagem influente, que havia conhecido alguns anos antes, pedi-lhe uma carta de recomendação. Não recebi a carta, mas recebi o conselho de voltar para a casa, pois era certo só obtermos a quantia indispensável às despesas de viagem. Agradeci o conselho e segui para Northampton, em Massachusetts, onde estive muitas horas procurando uma família negra que me quisesse receber. Soube então, com bastante surpresa, que não seria difícil hospedar-me num hotel.

Fomos felizes na viagem: recolhemos a soma suficiente para, em fim de novembro do mesmo ano, no Dia de Ação de Graças, celebrar o nosso primeiro serviço religioso na capela de Porter Hall, embora o edifício não estivesse inteiramente concluído. Procurando um pregador para o sermão, tive a sorte de encontrar o homem mais distinto que já vi, o reverendo Robert C. Bedford, branco do Wisconsin, pastor duma pequena igreja negra de Montgomery. Não me conhecia, nem eu o conhecia. Contudo, recebeu de boa vontade o convite e veio a Tuskegee celebrar a cerimônia religiosa, coisa absolutamente nova para os negros. A estreia de Porter Hall tornou esse dia memorável.

O reverendo Bedford aceitou um lugar de membro do conselho administrativo e há dezoito anos que aí se conserva, prestando-nos grandes serviços. Desde que nos conhecemos identificou-se inteiramente conosco. Encarrega-se às vezes de casos insignificantes, que outros desdenhariam. A sua abnegação não tem limites; foi a pessoa que já vi aproximar-se mais de Jesus.

Pouco depois fizemos uma excelente aquisição: chegou-nos de Hampton um rapaz, o sr. Warren Logan, que há dezessete anos é tesoureiro do instituto e me substitui quando preciso ausentar-me. Sem ele, estaríamos longe do ponto que atingimos. É desinteressado, possui admirável tato nos negócios, julgamento seguro, grande paciência e, não obstante complicações financeiras de todo gênero, imensa fé no êxito da nossa empresa. Entregando-lhe a escola, posso afastar-me tranquilo, fazer viagens longas, certo de que ele nada esquecerá.

Meio construída a nossa primeira casa, decidimos enchê-la de pensionistas, o que fizemos em meados do segundo ano escolar. Vinham muitos alunos, e víamos perfeitamente que os nossos esforços seriam vãos se não pudéssemos intervir na vida particular deles. Para internato nada tínhamos, porém. Apenas os alunos com os seus apetites. Não havíamos pensado em instalar cozinha e sala de jantar. Felizmente, cavando a terra, ser-nos-ia possível conseguir duas peças subterrâneas que serviriam para isso. Ainda uma vez exigi a boa vontade dos estudantes e, ao cabo de algumas semanas, tínhamos o que necessitávamos, dois buracos de aparência bem desagradável, na verdade. Quem os visse hoje dificilmente acreditaria que ali houve sala de jantar.

Tudo era incompleto, insuficiente. Faltava dinheiro para a compra de utensílios. Os gêneros não nos preocupavam: poderíamos obtê-los a crédito. Confesso que me afligia muitas vezes nesse tempo a confiança que depositavam em mim. Não me considerava digno dela.

Impossível cozinhar sem fogão e comer sem pratos. Voltamos à moda antiga: preparamos a comida em tachos e marmitas postos sobre fogos de lenha ao ar livre. E convertemos em mesas os bancos dos carpinteiros que haviam trabalhado na construção da casa. Quanto à louça, nem é bom falar nela, tão pouca existia.

Os cozinheiros não tinham a mínima ideia da regularidade indispensável ao serviço, e isto me transtornava. Tudo ia mal, uma desordem completa. Nas duas primeiras semanas não tivemos refeição que prestasse. Ora a carne vinha crua, ora vinha queimada, não deitavam sal no pão e esqueciam-se do chá. Um dia, à porta do refeitório, ouvi queixas mais enérgicas e mais numerosas que as habituais. Ausência absoluta de almoço. Uma rapariga deixou a mesa e, em falta de alimento, foi beber água no poço, mas achou partida a corda do balde. Não me vendo ali perto, afastou-se murmurando com desânimo:

— Que escola, santo Deus! Nem água se encontra.

Nunca uma observação me causou tanta mágoa.

Algum tempo depois o reverendo Bedford, de que já falei, administrador e amigo sincero do instituto, era nosso hóspede e ocupava um quarto por cima do refeitório. Certa manhã foi despertado pela discussão calorosa de dois alunos que disputavam uma xícara de café. Um deles, que estivera três dias sem beber café, defendeu valentemente os seus direitos e apoderou-se da xícara.

À custa de muita perseverança, afastamos as dificuldades, saímos da enorme confusão, o que sempre acontece quando não nos deixamos abater, sejam quais forem os embaraços que nos apareçam.

Recordando essa fase da nossa história, não lamento que as coisas se tenham passado como se passaram. Os aborrecimentos e os desgostos nos calejaram, deram força aos alunos para cavar o refeitório e a cozinha. Não lamento o desperdício de energia que nos custou esse local escuro e úmido. Se tivéssemos começado numa bela sala, talvez nos deslumbrássemos, nos enchêssemos de orgulho. Afinal, é agradável lançar os fundamentos duma obra, vê-la desenvolver-se pouco a pouco.

Hoje, quando os nossos antigos alunos vêm a Tuskegee, o que se dá frequentemente, veem um belo refeitório amplo e arejado, alimentos apetitosos, produto dos nossos campos, servidos em mesas limpas, toalhas e guardanapos de brancura perfeita. Flores, cantos de pássaros, o serviço realizado com ordem, sem que entre centenas de pessoas haja uma reclamação. E os nossos velhos amigos se declaram satisfeitos, acham bom terem curtido as privações dos primeiros tempos, privações necessárias aos resultados que alcançamos.

Capítulo XI
Fabricação de móveis

Tivemos um dia visita do general J. F. B. Marshall, o homem que nos havia emprestado duzentos e cinquenta dólares para a compra da fazenda. Esteve uma semana conosco, fez uma inspeção minuciosa, declarou-se contente com o que viu e mandou a Hampton um relatório otimista cheio de incentivos para nós. Recebemos em seguida miss Mary F. Mackie, a mesma que me havia submetido a um exame de vassoura. Depois foi a vez do general Armstrong.

Na época dessas visitas tínhamos vários professores, quase todos diplomados em Hampton. Com imensa alegria revimos os nossos excelentes amigos, que ficaram bem impressionados com a escola. De muitas léguas de distância vieram negros ver o general, pois a fama dele corria longe. E os brancos o acolheram com simpatia.

Cada vez mais esse homem extraordinário crescia a meus olhos, as suas disposições para com os brancos do Sul enchiam-me de admiração. Eu supunha que, tendo-os tido como inimigos, ele os aborrecia e apenas se interessava pelos negros. Não tardei em perceber o meu erro: enquanto aqui esteve, essa grande alma generosa mostrou a mesma solicitude para todos. Não revelou nenhum sinal de ressentimento contra os antigos adversários e muitas vezes lhes testemunhou amizade. Esse exemplo foi para mim fecundo e precioso. Os corações nobres cultivam sempre o amor, só os espíritos mesquinhos guardam ódio. Compreendi também que o protetor dos fracos adquire forças novas e o opressor dos infelizes enfraquece.

A atitude do general Armstrong inspirou-me essas reflexões há muitos anos, livrou-me de rebaixar-me a ponto de odiar alguém. Recalquei a aversão, esqueci o mal que os brancos do Sul fizeram à minha raça. Hoje sinto prazer em ser útil a todos os homens e tenho compaixão dos indivíduos que procuram separá-los. Quanto mais reflito, mais me convenço de que as manobras adotadas pelos brancos do Sul para inutilizar o voto dos negros são prejudiciais, não apenas a estes, mas à gente que se esforça por conservá-los em situação inferior. O dano causado ao negro é temporário, mas o atentado à moral do branco é permanente. Observei muitas vezes que, se um sujeito perjura para anular o voto do negro, acaba por comportar-se desonestamente em outras circunstâncias, molestando o preto ou molestando o branco. O que engana um preto não tarda a enganar um branco, o que infringe a lei linchando um preto nenhum escrúpulo terá em linchar um branco, se puder. Essas considerações me fazem desejar que a nação inteira intervenha na luta contra a ignorância que desgraçadamente reina ainda no Sul.

Convém notar que o sistema de educação do general Armstrong cada vez mais ganha terreno. São raros atualmente os estados do Sul que não têm ensino profissional, para homens e para mulheres.

Instalados modestamente os nossos pensionistas, outros se apresentaram, e mais outros, de modo que, durante semanas, desesperadamente nos debatemos buscando meio de alimentá-los, dar-lhes roupas de cama e um canto para dormir. Alugamos, em falta de melhor, algumas casas nos arredores da escola, cabanas estragadas onde alojamos diversos estudantes. No inverno passavam mal. Com oito dólares por mês, tudo quanto podíamos exigir dos seus minguados recursos, tinham casa, comida, luz e roupa lavada. Deduzíamos nas suas contas a importância correspondente a qualquer trabalho que fizessem útil à casa. As despesas de estudo elevavam-se a cinquenta dólares anuais, quantia que eram obrigados a arranjar sabe Deus como.

A renda insignificante da pensão não nos permitia formar capital suficiente para organizar um internato em boas condições. No segundo ano escolar o inverno foi excessivamente rigoroso. Não dispúnhamos de bastantes cobertores, durante algum tempo não tivemos lenha para fogo nos quartos e até colchões faltaram.

Muitas vezes não consegui adormecer durante aqueles grandes frios cortantes, pensando no sofrimento dos pobres rapazes. Erguia-me alta noite, ia visitá-los nas suas cabanas, confortá-los. Muitos não podiam deitar-se: mal agasalhados, batiam os dentes, agachavam-se em redor do fogo para aquecer-se um pouco. Certa manhã, depois duma noite horrivelmente fria, pedi aos que se imaginavam gelados que levantassem um braço. Três apenas foram capazes de mover-se. E não se queixavam. Sabendo que nos sacrificávamos por eles, não deixavam de perguntar se podiam, de alguma forma, diminuir o trabalho dos mestres.

Têm-me dito repetidamente, homens do Norte e homens do Sul, que os negros não se conformam com a autoridade dum negro. A esta afirmação respondo com um fato: nos dezenove anos da minha carreira em Tuskegee, nunca notei palavra descortês ou ato desrespeitoso de aluno ou de qualquer pessoa ligada ao serviço da escola. Pelo contrário: acanham-me as numerosas gentilezas que me dispensam. Se me veem com um livro pesado, oferecem-se para transportá-lo; em dias de chuva nunca me levanto do *bureau* sem que um aluno se aproxime, decidido a acompanhar-me segurando o guarda-chuva.

Devo dizer que, nas minhas relações com os brancos do Sul, nunca recebi uma afronta pessoal. Em Tuskegee e vizinhança sempre me testemunharam consideração, coisa que algumas vezes muito lhes custa, bem sei.

Há algum tempo viajei no Texas, de Dallas a Houston. Ignoro como souberam que me achava no trem, mas a verdade é que, em todas as estações, brancos em quantidade, inclusive funcionários, vieram felicitar-me pela obra que empreendi no Sul.

Mais tarde, dirigindo-me a Atlanta, cansei-me depois duma longa viagem e tomei um *Pullman car*. Aí encontrei duas senhoras de Boston minhas conhecidas, que ignoravam, suponho, os costumes do Sul e inocentemente me convidaram a sentar-me ao lado delas, o que fiz meio encabulado. Logo uma das senhoras pediu a ceia para três. Isto aumentou a minha perturbação. Muitos brancos pejavam o carro e não tiravam os olhos de cima de nós. Ouvindo aquela história de ceia, arranjei um pretexto para me afastar, mas obrigaram-me a ficar onde estava. Resignei-me, dizendo cá por dentro: "Bonito. Estou agarrado."

O jeito que tive foi cear. Depois uma das senhoras se lembrou de que trazia no saco de viagem um chá maravilhoso, desejou que o experimentássemos e, não confiando na cozinha do trem, preparou-o com arte e serviu-o. Bebi o chá. E como tudo tem fim, a refeição terminou, a mais longa da minha vida. Ansioso por livrar-me daquela situação penosa, pedi licença para entrar no compartimento vizinho, fumar um cigarro e olhar a paisagem. Aí chegando, vi que me haviam reconhecido e fiquei assombrado: quase todos os cavalheiros que ali se achavam, na maioria cidadãos da Geórgia, vieram apertar-me a mão, agradecer-me o que eu fazia no Sul. E não era lisonja, que nenhum esperava nada de mim.

Sempre me esforcei por demonstrar aos alunos que Tuskegee não é coisa minha, mas de todos os que aqui vivem. Aconselho-os a interessar-se pelos negócios da casa tanto quanto os administradores e os professores, a não considerar-me censor, mas amigo. Quero que me falem sem rodeios, com toda a franqueza, peço-lhes que me escrevam, duas ou três vezes por ano, expondo críticas, reclamações, propostas relativas à organização e ao regime da escola. Em falta de escritos, reúno os estudantes na capela e discutimos sem rebuço. Gosto dessas palestras, fecundas em sugestões proveitosas: revelam-me dedicações, aliviam as responsabilidades que pesam sobre mim.

Quando leio a notícia duma greve, digo comigo que as divergências entre patrões e operários desapareceriam se os primeiros fossem acessíveis, consultassem os segundos antes de tomar uma deliberação e tentassem provar-lhes que os interesses das duas partes são comuns. A confiança gera a confiança. Tratando-se de negros, isto é um fato que não admite contestação. Convencidos de que nos interessamos por eles, tornam-se dóceis em extremo.

Eu desejava que os alunos fizessem não somente as casas de Tuskegee, mas os móveis. Hoje admiro a paciência daqueles rapazes que dormiam no chão ou em tábuas duras, esperando que lhes fabricassem camas grosseiras ou um arremedo de colchões. No começo raros tinham prática de marcenaria, e os leitos improvisados nesse tempo eram pouco seguros e rudimentares. Acontecia-me frequentemente, na inspeção da manhã, achar alguns desmantelados. Os colchões nos atrapalharam muito. Afinal vencemos a dificuldade comprando fazenda barata que transformamos em grandes sacos. Os pinheiros da floresta vizinha nos forneceram o enchimento deles. Agora as nossas alunas fazem aqui ótimos colchões, iguais aos que se vendem no armazém.

É supérfluo dizer que havia falta de cadeiras. Para substituí-las, usávamos tamboretes feitos com três pedaços de tábua tosca, mal pregados. A mobília dos quartos era bem sumária: a cama, tamboretes, algumas vezes uma pequena mesa sem verniz. Naturalmente continuamos a fabricar os nossos móveis, que agora são numerosos e resistem à crítica dos entendidos.

O que sempre exigi em Tuskegee foi limpeza. Martelei sem cessar que tudo nos perdoariam lá fora, a pobreza, a falta de conforto, não a porcaria. Indispensável a escova de dentes. "O evangelho da escova de dentes", como dizia o general Armstrong, aqui se professa. Para alguém ficar em Tuskegee, precisa possuir uma escova de dentes e usá-la. Já nos chegaram alunos que, em matéria de bagagem, trouxeram uma escova de dentes. Tinham tido notícia da exigência e, com o fim de causar boa impressão, muniam-se do objeto indispensável. Um dia, fiscalizando com a diretora o alojamento das moças, entramos num quarto onde se reuniam três novatas. Quando perguntei se tinham escovas de dentes, uma delas respondeu:

— Sim, senhor, compramos uma ontem.

Foi necessário explicar-lhe que faltavam duas.

Recomendamos tenazmente aos alunos que não se descuidassem da higiene. Acostumaram-se ao banho. E antes que pudéssemos oferecer-lhes banheiros, já se lavavam tão regularmente como se sentavam à mesa. Os que vinham dos distritos agrícolas não sabiam deitar-se em cama. Tiveram de aprender a usar lençóis, não no começo, evidentemente: impossível obrigar o estudante a meter-se entre dois lençóis, pois só lhe podíamos dar um. Precisávamos também ensiná-los a vestir uma camisa à noite.

Difícil foi habituá-los a repregar os botões caídos, coser os rasgões e tirar da roupa as nódoas de gordura. Contudo, tanto repisamos essas necessidades de ordem que eles se modificaram e corrigiram o desleixo dos que vieram depois. Hoje, na revista diária, que se realiza quando saímos da capela, ordinariamente não falta um botão.

Capítulo XII
Procura de recursos

Instalado o refeitório, pudemos oferecer às raparigas hospedagem no celeiro da nossa primeira casa, Porter Hall. O número de alunos aumentava constantemente. Era-nos fácil acomodar fora os rapazes, mas não queríamos fazer o mesmo com as moças.

Achamo-nos diante duma nova dificuldade. Necessitávamos um estabelecimento mais vasto, onde se alojassem todos os pensionistas, homens e mulheres. Impunha-se a construção dum segundo edifício, grande, com sala de jantar para todos os alunos e quartos para as moças.

Calculamos que iríamos gastar uns dez mil dólares. Como de ordinário, nada possuíamos, o que não nos impediu de batizar a nova casa. Isto era fácil, ainda que não conseguíssemos levantá-la. Resolvemos dar-lhe o nome de Alabama Hall, em honra do estado onde vivíamos. Mais uma vez miss Davidson apertou com uma subscrição a gente de Tuskegee, e os nossos alunos começaram a cavar os alicerces.

Estávamos esgotando a importância recolhida, uma ansiedade nos oprimia com a certeza de que as obras iam suspender-se, quando a generosidade do general Armstrong se manifestou providencialmente. Recebi um telegrama em que ele me pedia que, se pudesse passar um mês viajando, fosse encontrá-lo em Hampton. Sem vacilação, aceitei o convite. E, ao chegar, inteirei-me de que o general pretendia conduzir pelo Norte um quarteto de músicos e nas cidades realizar meetings em que falaríamos os dois. Imaginarão a minha surpresa quando soube que essas reuniões deviam efetuar-se unicamente em benefício das obras de Tuskegee e que as despesas correriam por conta do instituto de Hampton.

Outro diretor recearia talvez, apresentando-me, prejudicar o seu estabelecimento. Mas o general Armstrong era grande e bom. Nenhum sentimento mesquinho, nenhum egoísmo. Além disso, não ignorava que os nortistas, com os seus donativos, desejavam contribuir para a civilização do negro em geral, não favorecer esta ou aquela escola. Sabia igualmente que, para fortalecer Hampton, era necessário estabelecer ali um centro de utilidade, propagar a sua influência benéfica por todo o Sul.

Quanto aos discursos, o general deu-me um conselho excelente, que não esqueço:

— Cada uma das suas palavras deve exprimir uma ideia.

Fizemos conferências em Nova York, Brooklyn, Boston, Filadélfia e outras cidades importantes, e em toda parte o meu admirável companheiro advogou a causa de Tuskegee. Queríamos obter a quantia indispensável à construção de Alabama Hall e revelar ao público a nossa instituição, duplo objetivo que alcançamos.

Depois dessa apresentação, entrei a viajar sozinho pelo Norte. Nestes últimos quinze anos passei grande parte da minha vida longe da escola, na caça ao dinheiro, e fiz experiências talvez interessantes para os leitores.

Várias vezes cidadãos dedicados ao mister de arranjar recursos para obras de filantropia me perguntaram que regras eu adotava na conquista da boa vontade e das contribuições do público. Se podemos subordinar a regras fixas a arte de mendigar, direi que obedeci a duas: cumpri o meu dever, explicando-me honestamente às pessoas a que me dirigia; tentei não me preocupar com o resultado, coisa que obtive bem dificilmente, confesso. É horrível, com efeito, aparentarmos tranquilidade sabendo que no dia seguinte, sem termos em caixa um níquel, seremos assaltados por letras vencidas. Entretanto, à medida que os anos se passam, convenço-me de que os desgostos e as inquietações nos consomem as forças físicas e intelectuais indispensáveis à atividade. As minhas relações constantes com homens eminentes ensinaram-me que os seres na verdade superiores sabem dominar-se, têm calma, paciência e urbanidade. Modelo perfeito dessas qualidades era, segundo penso, o presidente McKinley.

Para conseguir êxito num empreendimento qualquer, acho que o sujeito deve esquecer os seus casos pessoais e subordinar a uma ideia todas as vantagens que lhe possam advir.

O meu ofício de coletor obriga-me a julgar severamente os que malsinam os ricos. Em primeiro lugar, esses acusadores não pensam na desorganização que traria o desaparecimento das fortunas, nos indivíduos que se reduziriam à miséria se as grandes empresas caíssem de golpe. Depois ninguém imagina como os ricos são importunados. Conheço alguns que recebem diariamente pelo menos vinte pessoas que lhes fazem solicitações. Nas minhas viagens acontece-me às vezes encontrar numa sala onde vou buscar recursos meia dúzia de tipos que ali se acham movidos pelas mesmas razões que me levaram. E esses pedidos representam uma insignificância, comparados aos que chegam pelo correio. Ninguém calcula o número de almas generosas que prodigalizam silenciosamente centenas de dólares e têm fama de sovinas. Cito como exemplo duas senhoras de Nova York, duas criaturas admiráveis que, alem de vários donativos à escola, nos facultaram meios de construir, nestes últimos oito anos, três grandes edifícios. Tenho a certeza de que não dispensam as suas liberalidades apenas em Tuskegee: procuram sem descanso obras dignas de amparo. Contudo, os seus nomes raramente figuram nas listas de subscrições.

Não obstante me haver ocupado em arranjar para a caixa de Tuskegee algumas centenas de milhares de dólares, sempre evitei o que em geral se considera *mendicidade*. Nunca *mendiguei*. É verdade que não vou exigir brutalmente o dinheiro dos ricos. Parto deste princípio: a gente que possui habilidade necessária para ganhar tem, é claro, sabedoria bastante para gastar. A melhor maneira de interessá-la por uma causa é apresentar os fatos simplesmente e dignamente. Isto vale mais que a mendicidade.

Conquanto seja penosa, desagradável e até nociva à saúde, a obrigação de bater nas portas nos dá alguma satisfação. Travamos conhecimento com ótimas pessoas, as melhores do mundo.

Um dia, em Boston, fui visitar uma senhora muito rica. Enviei-lhe o meu cartão. E esperava na antecâmara que ela me mandasse entrar quando o marido surgiu e me perguntou secamente o que estava fazendo ali. Antes de me explicar, o homem se tornou tão grosseiro, tão violento, que deixei a casa sem receber a resposta da senhora. Continuei o meu caminho e pouco depois fui ver um cavalheiro, que me recebeu cordialmente. Ofereceu-me uma quantia razoável e cortou-me os agradecimentos com estas palavras:

— Estou muito reconhecido ao sr. Washington. É uma honra contribuir para as grandes obras. O senhor se encarrega de trabalho que devia ser feito por nós, e por isto lhe ficamos obrigados.

De resto posso afirmar que a primeira categoria de homens vai escasseando, enquanto a segunda cresce. Agora os ricos chegam a considerar os que lhes solicitam contribuições como agentes que os substituem junto aos necessitados. Isto é muito diferente da mendicância.

Raramente os habitantes de Boston me fazem um donativo sem dirigir-me palavras amáveis. É uma gente de extrema delicadeza, que parece julgar-se feliz quando a convidam a desembolsar. Em nenhuma parte encontrei como aí desenvolvido o espírito cristão. É claro que ele existe em outras cidades: cada vez mais o mundo se habitua a dar.

Nas minhas primeiras tentativas aconteceu-me palmilhar estradas e ruas, dias inteiros, sem receber um dólar. Decepções e mais decepções me acabrunhavam durante uma longa semana. De repente ofertas generosas surgiam donde eu menos esperava, e casas que me pareciam acolhedoras se fechavam.

Disseram-me há tempos que um capitalista residente a meia légua de Stanford, em Connecticut, desejava conhecer a situação de Tuskegee e as suas necessidades. Pus-me a caminho num dia tempestuoso, andei a meia légua a pé e, a custo, consegui avistar-me com o sujeito. Falei, expliquei, demonstrei, ele me ouviu atento, interessou-se pelo que eu lhe dizia e nada me deu. Retirei-me certo de haver conversado três horas à toa. Um desastre. Enfim tinha cumprido o meu dever. Dois anos depois recebi esta carta:

"Aqui lhe envio para a obra de Tuskegee um cheque de dez mil dólares. A minha intenção era legar-lhe esta soma em testamento, mas, refletindo, achei melhor oferecê-la agora. Guardei excelente impressão da visita que o senhor me fez, há dois anos."

Nenhuma generosidade me deu tanta alegria. Era o presente mais importante que havíamos recebido e caía do céu, num momento de vacas magras. Não há nada pior que ser diretor dum grande estabelecimento quando existem obrigações pesadas, o dinheiro falta e o desgraçado se volta para os quatro cantos e não sabe onde arranjá-lo. É medonho.

Juntando-se às responsabilidades, um pensamento angustiava-me: se a nossa empresa fosse dirigida por brancos e falhasse, apenas a educação dos negros, especialmente os da região, ficaria comprometida; conduzida por nós, a escola não podia vir abaixo sem arruinar a minguada confiança do povo na raça negra, que seria condenada irrevogavelmente como refratária à civilização. O cheque dos dez mil dólares livrou-me dum pesadelo.

A primeira vez que vi o sr. Collis P. Huntington, grande proprietário de caminhos de ferro, obtive dois dólares para o instituto. Mais tarde ele me enviou cinquenta mil dólares, que vieram engrossar o capital do estabelecimento. Alem desse, outros donativos generosos nos foram feitos pelo sr. e pela sra. Huntington.

Dirão talvez que tivemos boa estrela. Conversa. Não houve estrela, o que houve foi perseverança. Nenhuma vantagem nos chega por acaso. Não me zanguei com o sr. Huntington quando ele me ofereceu dois dólares, mas decidi provar-lhe que merecíamos quantia mais avultada. Esforcei-me doze anos por convencê-lo e tive o prazer de notar que ele seguia cuidadosamente os progressos de Tuskegee e que as suas ofertas eram proporcionais a eles. Deu-nos dinheiro e conselhos preciosos relativos à administração da casa.

Muitas vezes me vi em cruel embaraço nas minhas peregrinações pelo Norte. Cito um caso que ainda não contei, receando que não me dessem crédito. Achava-me em Providence (Rhode Island) e não tinha com que pagar o almoço. Atravessando uma rua para visitar certa senhora de quem esperava recursos, vi no trilho do bonde uma moeda nova de prata. A esta fração de pecúnia juntou-se, minutos depois, uma quantia regular que a senhora mencionada me deu.

Num começo de ano ousei pedir o sermão do costume ao reverendo E. Winchester Donald, doutor em teologia, reitor da igreja da Trindade, em Boston. Não havendo no colégio sala que pudesse conter o pessoal todo, fizemos uma enorme tenda com pranchas cobertas de verdura. Mal o reverendo começou o sermão, uma chuva torrencial forçou-o a interromper-se. Alguém tentou abrigá-lo, inutilmente. Quando vi o reitor da igreja da Trindade em pé, silencioso, esperando o fim do aguaceiro debaixo dum velho guarda-chuva, percebi que o meu convite fora temerário. Veio a calma, o dr. Donald terminou a falação, ótima, e depois, livre das vestes úmidas, achou que Tuskegee necessitava uma capela grande. No dia seguinte recebi de duas senhoras que viajavam pela Itália uma carta e o dinheiro suficiente para realizarmos o conselho do reverendo.

Ultimamente o sr. Andrew Carnegie nos ofereceu vinte mil dólares para uma biblioteca nova. Como a que possuíamos ocupava espaço reduzido, num canto de cabana, procurei-o, mas a princípio ele se interessou mediocremente pelo assunto. Gastei dez anos para convencê-lo de que merecíamos assistência. Ao cabo dum rude labor teimoso, escrevi-lhe a seguinte carta:

"15 de dezembro de 1900.
Sr. Andrew Carnegie — Avenida 51, n.º 5 — Nova York.
Ilmo. Sr.

Em conformidade com o desejo que V. S. me expressou em sua casa há alguns dias, tomo a liberdade de endereçar-lhe este pedido relativo a uma biblioteca. A nossa escola conta 1100 alunos, 86 empregados e professores, que vivem com suas famílias, e cerca de duzentas pessoas de cor habitam nos arredores. Toda essa gente faria uso da biblioteca. Temos doze mil livros, mas não dispomos dum lugar conveniente para colocá-los e falta-nos salão de leitura.

Os alunos que nos deixam dedicam-se a profissões úteis, no Sul, e os conhecimentos que obtêm aqui exercem influência benéfica sobre toda a raça negra.

Uma biblioteca poderia custar vinte mil dólares, aproximadamente. A fabricação de telhas e tijolos, trabalhos de pedreiro, marceneiro, serralheiro, tudo isto os alunos executam. O dinheiro que V. S. nos desse teria uma dupla vantagem: habilitaria muitos rapazes nos vários ofícios que exige a construção duma casa e, como o trabalho deles é pago, facultar-lhes-ia meios de liquidar as suas contas na escola.

Estou certo de que esses vinte mil dólares contribuiriam eficazmente para a elevação duma raça inteira.

Caso V. S. deseje outros esclarecimentos, estou às suas ordens.

Amigo, admirador,
Booker T. Washington, diretor."

Passados alguns dias, chegou-me esta resposta:

"Professor Booker Washington — Tuskegee, Alabama.
Ilmo. Sr.

Com muito prazer farei os gastos necessários à construção duma biblioteca, até a importância de vinte mil dólares. Considero uma felicidade poder assim manifestar-lhe o interesse que tenho pela sua generosa empresa.

Saudações.
Andrew Carnegie"

Sempre dirigi os negócios em Tuskegee e mantive relações com os benfeitores da escola obedecendo a princípios rigorosamente comerciais. Adotei, no desempenho das minhas funções, métodos que um banco de Nova York não desaprovaria.

Referi-me a somas importantes recebidas pelo instituto, mas — coisa espantosa — foi especialmente graças a ofertas miúdas, feitas por desconhecidos, que ele prosperou. Dessas insignificâncias, dessas migalhas que revelam a simpatia da multidão dos pobres, depende, penso eu, o êxito de todas as obras de filantropia.

Admiráveis os ministros das igrejas, diariamente importunados por todo o gênero de pedidos e contudo cheios de paciência e bondade. Se não me sobrassem razões para crer na eficácia da vida cristã, o que nestes últimos 35 anos os pastores fizeram pelo desenvolvimento da raça negra bastaria para transformar-me em cristão. As pequenas moedas colhidas nas escolas dominicais, nas associações de atividade cristã, nas missões, muito contribuíram para levantar o negro rapidamente.

A propósito desses fracos donativos, devo mencionar o costume que os nossos alunos tomaram de, quando nos deixam, enviar-nos uma contribuição anual que chega no máximo a dez dólares.

Ao começarmos o terceiro ano recebemos com surpresa, de três pontos, consideráveis dotações que até hoje permanecem. A primeira nos veio do Congresso estadual do Alabama, que de dois mil dólares elevou para três mil a importância que o orçamento nos destinava. Mais tarde o sr. F. Foster, deputado pelo distrito de Tuskegee, conseguiu novo aumento para 4500 dólares. A segunda nos foi concedida pela fundação John F. Slater. No começo eram apenas mil dólares, mas houve sucessivos acréscimos e atualmente recebemos onze mil dólares por ano. Devemos a terceira à fundação Peabody, quinhentos dólares a princípio e hoje 1500.

Dirigindo-me aos encarregados dessas instituições, travei conhecimento com dois homens que muito se ocuparam com a educação do negro: o dr. J. L. M. Curry, de Washington, agente geral das duas fundações, e o sr. Morris K. Jesup, de Nova York. O dr. Curry, sulista, é um antigo soldado da Confederação, amigo sincero dos negros, absolutamente livre de preconceitos de raça. No Sul brancos e negros depositam confiança nele, coisa notável. Encontrei-o pela primeira vez em Richmond, na Virgínia. Conhecia-o de nome. E inexperiente, ainda novo, aproximei-me dele tremendo. Recebeu-me com amizade, incutiu-me coragem, deu-me bons conselhos. Pareceu-me descobrir nesse homem um desinteresse completo, a preocupação única de trabalhar pelo bem da humanidade. Quanto ao sr. Morris K. Jesup, tesoureiro da fundação Slater, era um cavalheiro que, apesar das suas numerosas responsabilidades, consagrava generosamente à questão negra tempo, dinheiro e inteligência. Muito deve a ele o ensino profissional.

Capítulo XIII
Um discurso de cinco minutos

Pouco depois da abertura do internato, grande número de pessoas, homens e mulheres, realmente capazes, mas tão pobres que não podiam satisfazer as módicas despesas escolares, pretenderam matricular-se no instituto. Era uma lástima recusá-los. Assim, em 1884, estabelecemos para alguns deles um curso noturno, semelhante ao que havíamos organizado em Hampton.

Inscreveram-se doze candidatos. Dez horas de trabalho diário nas oficinas e duas horas de estudo à noite. Começada tão modestamente, a classe noturna progrediu e hoje conta 457 alunos. Tem para mim grande importância, pois aí experimentamos a resistência e o valor dos nossos moços. Quem trabalha dez horas seguidas fabricando tijolos ou lavando roupa, um ano, dois anos a fio, para conquistar o direito de consultar os livros, tem boa têmpera, e é justo que nos interessemos pela sua educação.

Deixando a escola noturna, o aluno passa aos cursos ordinários e estuda quatro dias por semana. Reserva dois para o seu ofício, a que em geral dedica também os três meses de verão. Em regra o indivíduo que resiste à prova da escola noturna acha meio de instruir-se. Aqui nenhum estudante, embora rico, se furta às ocupações manuais, que hoje são tão populares como os cursos de letras. Algumas das pessoas mais competentes saídas de Tuskegee começaram pela escola noturna.

Insistindo no trabalho e na indústria, não esquecemos a religião e o espírito. A escola, sem se filiar a nenhuma seita, é absolutamente cristã. Não descuidamos as pregações, as aulas dominicais, as preces.

Em 1885 casei-me com Olivia Davidson, já mencionada, uma das obreiras mais enérgicas do instituto. A vida familiar não lhe perturbou a atividade: permaneceu no trabalho, ora em Tuskegee, ora em viagens de coletas pelo Norte. Morreu em 1889, depois de oito anos de labor penoso, literalmente gasta no serviço áspero a que se consagrava. Deixou-me dois filhos belos e inteligentes: Baker Taliaferro e Ernest Davidson. O mais velho, Baker, já entrou na fabricação do tijolo.

Muitas vezes me perguntaram como principiei a falar em público. Direi em resposta que nunca tencionei empregar o meu tempo em palavras. Sempre achei mais útil *fazer* algumas coisas que *falar* sobre a necessidade de fazê-las. Parece que na minha turnê de conferências pelo Norte, em companhia do general Armstrong, o sr. Thomas W. Bicknell, presidente da Associação da Instrução Pública, me ouviu falar. Poucos dias depois da viagem esse cavalheiro me convidou para fazer um discurso na próxima assembleia da associação, que se devia reunir em Madison, no Wisconsin. Aceitei o convite. Para bem dizer, foi aí que iniciei a minha carreira de orador. Havia umas quatro mil pessoas na sala, entre elas muitas do Alabama e algumas de Tuskegee. Vários conhecidos meus me disseram com franqueza depois que tinham ido à reunião esperando ouvir-me atacar violentamente o Sul. Ficaram surpreendidos: não fui agressivo e fiz justiça aos sulistas referindo-me às coisas louváveis realizadas por eles. Uma senhora, branca, professora num colégio de Tuskegee, escreveu ao jornal da terra declarando-se espantada e contente por notar que eu agradecia aos brancos o auxílio que eles me haviam prestado na fundação da escola. Esse discurso de Madison foi o primeiro que fiz relativamente ao problema das raças. O auditório concordou comigo, suponho.

Ao chegar a Tuskegee, eu havia decidido estabelecer-me aí, aceitar a minha parte de humilhação ou de orgulho pelo mal ou pelo bem que no lugar houvesse, tornar-me enfim um cidadão do Alabama. Resolvi não dizer publicamente aos nortistas o que não estivesse disposto a dizer aos sulistas.

Cedo me capacitei de que é bem difícil converter um indivíduo injuriando-o: em vez de martelar unicamente nos seus defeitos, devemos louvar-lhe as boas ações.

Assim procedendo, nunca deixei de, sendo necessário, chamar a atenção do público, em termos inequívocos, para as faltas que aqui se cometem. Percebi que muitos cidadãos aceitam de boa vontade as críticas honestas. Se é preciso atacar o Sul, não devemos ir a Boston para isto: é no Sul que devemos falar. Um sujeito de Boston que viesse censurar esta cidade no Alabama teria êxito menor que se se dirigisse aos habitantes de Boston.

No discurso de Madison afirmei que, em vez de atiçar discórdias entre as duas raças, devíamos tentar aproximá-las. Sustentei que, ao votar, o negro acabaria levando em consideração o lugar onde vive e produz, não o interesse de políticos distantes que ignoram a existência do eleitor e as suas necessidades. O futuro do negro dependia, afirmei, de ele se tornar, pela habilidade ou pela inteligência, tão útil que a sociedade não o pudesse dispensar. Se um homem se habituava a fazer qualquer coisa melhor que os outros, se fazia coisas ordinárias de maneira pouco ordinária, estava seguro na vida. Assim, o negro seria acatado se produzisse objetos indispensáveis à coletividade. Citei o caso dum dos nossos alunos que chegara a colher duzentos e setenta alqueires de batatas em meio hectare numa terra onde a produção média era apenas de noventa e oito alqueires por hectare. Conseguira esse resultado graças ao conhecimento dos adubos químicos e à aplicação de métodos aperfeiçoados de agricultura. Os lavradores de raça branca vinham pedir-lhe conselhos a respeito do cultivo das batatas. E honravam-no porque, pela habilidade e pelo saber, esse homem aumentara a riqueza do lugar onde vivia.

Evidentemente eu não desejava que o preto se limitasse a produzir batatas de boa qualidade e em grande quantidade, mas se ele soubesse plantar batatas, lançaria as bases duma fortuna que daria a seus filhos e netos o direito de aspirar a situações elevadas.

Foram essas, em resumo, as ideias que sustentei no discurso de Madison. E desde esse tempo nada achei que me fizesse mudar de opinião.

Antigamente eu me enchia de cólera, odiava os que, difamando o negro, exigiam contra ele o rigor, a opressão, medidas que lhe surripiassem os meios de evolução, patrimônio de todos os homens. Hoje o sujeito que tenta por qualquer modo entravar o desenvolvimento dos outros não me inspira senão piedade. É um indivíduo que se retarda e gasta forças em vão, pois o progresso da humanidade é contínuo.

O discurso de Madison constituiu para mim uma apresentação regular ao grande público nortista. E numerosos discursos vieram depois.

Desejava, porém, dirigir-me a um auditório do Sul. Tive oportunidade para isto em 1893, quando se reuniu em Atlanta, na Geórgia, o grande meeting internacional de trabalhadores cristãos. Ao receber o convite, achava-me tão ocupado em Boston que a viagem me pareceu impossível. Contudo, examinando cuidadosamente a lista de conferências e de visitas a cidades, achei que poderia sair de Boston, chegar a Atlanta meia hora antes da reunião e uma hora depois dela retomar o trem de Boston. O convite dava-me cinco minutos para o discurso, e isto era o diabo. Que poderia eu meter num discurso de cinco minutos? Talvez nem valesse a pena fazer a viagem.

Grande parte do auditório se comporia de pessoas influentes. Era uma boa ocasião de mostrar o que tentávamos fazer em Tuskegee e ao mesmo tempo falar das relações entre as duas raças. Decidi empreender a viagem. Arenguei cinco minutos a um público de duas mil pessoas, na maioria brancos do Norte e do Sul, e o discurso agradou. No outro dia os jornais comentaram-no com benevolência em diferentes pontos do país. Alcancei pouco mais ou menos o meu objetivo, ser escutado pela classe dominante no Sul.

Daí em diante os discursos tornaram-se frequentes, e dediquei a eles o tempo que pude economizar ao meu trabalho em Tuskegee. Os que pronunciei no Norte quase todos se destinaram à aquisição de recursos para a escola; à gente de cor expliquei as vantagens da educação técnica, complemento necessário da instrução religiosa e literária.

Vou agora narrar um incidente que excitou curiosidade e contribuiu para dar-me uma reputação que posso considerar como nacional. Refiro-me ao discurso que fiz na Exposição Internacional dos Estados produtores de algodão, em Atlanta, a 18 de setembro de 1895. Falaram tanto sobre ele, fizeram-me tantas perguntas que os leitores me perdoarão talvez alguns pormenores. O primeiro discurso, o de cinco minutos, originou o segundo.

Na primavera de 1895 vários cidadãos influentes de Atlanta me telegrafaram pedindo-me que acompanhasse os representantes que essa cidade mandava a Washington com o fim de solicitar, perante uma comissão do Congresso, o auxílio do governo à Exposição. Os mandatários de Atlanta eram uns 25 cidadãos importantes da Geórgia, todos brancos, exceto o bispo Grant, o bispo Gaines e eu. Diversos brancos e os dois bispos negros fizeram-se ouvir diante da comissão. O último nome da lista dos oradores era o meu. Nunca me havia achado em frente a semelhante público, nunca falara na capital dos Estados Unidos, não sabia direito o que ia dizer e duvidava que as minhas palavras fossem bem recebidas. As recordações que guardo desse dia são confusas. Lembro-me de haver dito que, se o Congresso desejava livrar o Sul da questão negra e estabelecer harmonia entre os dois povos, devia estimular por todos os modos o progresso material e moral de ambos. Na Exposição de Atlanta as duas raças teriam ensejo de mostrar o que haviam realizado depois da abolição e ganhariam incentivo para desenvolver-se ainda mais. Afirmei que, embora fosse um crime arrancar ao negro por meios fraudulentos o direito de voto, não era contudo a agitação política que poderia salvá-lo. Para completar o direito de voto seria necessário que ele possuísse alguma coisa, tivesse habilidade, energia, inteligência e caráter. Se o Congresso concedesse o crédito pedido, faria alguma coisa útil e durável pelas duas raças. E aquela era a primeira ocasião que se apresentava para isso depois da Guerra Civil.

Finda a alocução, que durou uns quinze ou vinte minutos, recebi com surpresa felicitações calorosas dos homens da Geórgia e dos congressistas. A comissão unânime assinou um relatório favorável e ao cabo de poucos dias foi votado o crédito para a Exposição de Atlanta.

Pouco depois da viagem a Washington os diretores da Exposição resolveram construir um grande e belo edifício destinado a patentear o desenvolvimento do negro. O plano seria traçado por um arquiteto negro, e operários negros se encarregariam da construção. Realizou-se o projeto. E o pavilhão negro, em beleza e acabamento, nada ficou a dever aos outros. Quiseram confiar-me a direção dele, mas aleguei as minhas ocupações em Tuskegee e propus a nomeação do sr. J. Garland Penn, de Lynchbourg, na Virgínia. A exposição negra nos fez honra, especialmente as seções de Hampton e Tuskegee.

Aproximando-se o dia da abertura, a administração elaborou o programa de inauguração. E achou que devia inscrever entre os oradores um representante da raça negra, já que se havia dado aos negros lugar tão importante na Exposição. Era um meio excelente de se evidenciarem as boas relações que pareciam estabelecer-se entre as duas raças. Naturalmente essa ideia foi combatida, mas a comissão, composta de liberais, admitiu o orador negro e tratou de escolhê-lo. Discutiu vários dias, afinal resolveu chamar-me.

Ser-me-ia difícil explicar a quem nunca se achou em situação análoga à minha a confusão que senti ao receber o convite oficial. Lembrava-me de ter sido escravo, de ter passado a infância em pobreza e ignorância profundas. Não me julgava preparado para aguentar semelhante responsabilidade. Alguns anos antes qualquer branco do auditório teria podido reclamar-me como escravo. E talvez houvesse ali alguns dos meus antigos senhores.

Era a primeira vez que se convidava um membro da minha raça a falar na mesma tribuna que homens brancos ocupavam, em hora de solenidade, perante a riqueza e a cultura da região, os meus amos de outrora. Além de brancos do Sul, haveria brancos do Norte e um numeroso contingente de pretos.

Eu estava decidido a falar a verdade, lealmente. O convite nada continha a respeito do que devia ser dito ou omitido, e isto provava a confiança da comissão diretora, pois aí não se ignorava que, por uma palavra inconveniente, eu poderia comprometer o êxito da Exposição. Ao mesmo tempo uma ideia me afligia: conservando-me fiel ao meu povo, arriscava-me a cometer incivilidades funestas que teriam como consequência nenhum negro ser chamado outra vez para reuniões daquela natureza. Aliás era preciso fazer justiça ao Norte e aos elementos bons do Sul.

Os jornais exploraram longamente o meu futuro discurso, e à medida que ele se aproximava os debates tomavam proporções consideráveis. Nas folhas do Sul não faltava quem malsinasse a resolução de se dar a palavra a um negro. Por outro lado os pretos me ofereciam conselhos abundantes a respeito do que eu deveria dizer. Nas vizinhanças de 18 de setembro senti o coração apertar-se, temi um desastre completo.

O convite chegara no início do ano escolar, num momento em que os trabalhos me absorviam. Compus o discurso, li-o a minha mulher, que o aprovou. A 16 de setembro, véspera da viagem a Atlanta, os professores de Tuskegee exprimiram o desejo de conhecê-lo. Finda a leitura, pareceu-me que todos estavam satisfeitos.

A 17 pela manhã parti para Atlanta com a mulher e os três filhos. Sentia pouco mais ou menos a impressão que deve sentir um sujeito que marcha para a forca. Ao sair de Tuskegee topei com um lavrador branco do subúrbio, que me disse, rindo:

— Washington, até agora você falou a brancos do Norte, a pretos do Sul e a nós outros camponeses brancos do Sul. Mas amanhã vai arranjar-se com brancos do Norte, brancos do Sul e pretos, tudo junto. Mau negócio.

Essa franqueza não diminuiu a minha perturbação.

Na viagem de Tuskegee a Atlanta, brancos e negros em quantidade vieram às estações falar-me sobre o que iria acontecer no dia seguinte. Em Atlanta muitos brancos foram receber-me. E, ao descer do trem, ouvi estas palavras dum negro velho:

— Está aí o homem da minha raça que amanhã vai fazer um discurso na Exposição.

A cidade estava repleta. Viera gente de toda parte, havia representantes de países estrangeiros e deputações militares e civis. Os jornais vespertinos exibiram manchetes enormes. A minha inquietação crescia.

À noite não consegui dormir. No outro dia muito cedo repassei cuidadosamente o discurso e, segundo o meu costume, ajoelhei-me e rezei. Habituei-me a fazer uma preparação especial quando falo. Dois auditórios nunca são absolutamente semelhantes, e o meu desejo é impressionar todos os ouvintes. Pouco importa o efeito que o discurso vai produzir no jornal ou num meio diferente do que me escuta. Neste concentro o pensamento e a energia.

No dia 18 pela manhã vieram buscar-me, levar-me ao cortejo que ia dirigir-se ao recinto da Exposição. Havia negros importantes em carruagens e diversas comissões militares de cor. Notei que se esforçavam para que os negros fossem bem tratados. Gastamos três horas, sob um sol ardente, para alcançar o terreno da Exposição. O calor infernal aumentava-me a excitação nervosa, acovardava-me. Julguei um instante que ia desfalecer, sucumbir, arrasar-me. Ao chegarmos ao local da festa, percebi num golpe de vista a sala imensa completamente cheia. E no exterior apinhavam-se milhares de pessoas que não tinham conseguido entrada.

Ao aparecer fui recebido com aplausos vigorosos dos negros e um fraco sussurro dos brancos. Destes, segundo me haviam comunicado, alguns simpatizavam comigo, outros estavam ali por curiosidade, e muitos, o maior número, desejavam assistir ao meu embaraço, ter o direito de amofinar a comissão diretora: "Eu não dizia?"

Um dos membros do conselho administrativo do instituto de Tuskegee, meu amigo pessoal, o sr. William H. Baldwin Junior, diretor-geral da estrada de ferro do Sul, achava-se por acaso em Atlanta nesse dia. Inquietavam-no tanto as consequências do meu discurso que não se animou a entrar na sala: passeou pelos arredores esperando o fim da cerimônia.

Capítulo XIV
O discurso da Exposição de Atlanta

Abriu a Exposição de Atlanta, em breves palavras, o governador Bullock. Depois de vários números interessantes, entre os quais uma prece do bispo Nelson, da Geórgia, uma poesia de Albert Howell Junior, alocuções do presidente da Exposição e da sra. Joseph Thompson, o governador Bullock apresentou-me nos termos seguintes:

— Há entre nós hoje um representante da atividade negra e da civilização negra.

Ao levantar-me, fui recebido com aplausos numerosos, especialmente dos homens de cor. Uma ideia me preocupava naquele momento: dizer qualquer coisa que determinasse a aproximação das raças. No que se refere ao exterior, o que guardei foram alguns milhares de olhos fixos em mim.

Aqui vai o discurso que pronunciei:

"Sr. presidente, srs. membros da comissão diretora, cidadãos:
Um terço da população do Sul é de raça negra. Nenhuma empresa tendente ao bem material, político e moral da região onde vivemos poderia desprezar esse elemento sem comprometer-se. Exprimo o sentimento do meu povo dizendo, sr. presidente e srs. diretores, que a dignidade e o valor do negro americano não receberam paga mais adequada que a exibição aqui feita de todas as fases do seu progresso. Essa demonstração será mais útil para cimentar as relações entre as duas raças que tudo quanto se realizou depois da nossa libertação.

Não é tudo. A oportunidade que hoje nos oferecem determinará uma nova era de progresso industrial. Ignorantes e inexperientes como éramos, nos primeiros anos de liberdade começamos pela cumeeira em vez de começarmos pelo alicerce; buscamos lugares no Congresso e nas assembleias dos estados, esquecendo a propriedade territorial e a indústria; a convenção política e a eloquência dos meetings foram para nós mais importantes que a fundação duma leiteria e a cultura dos legumes.

Uma embarcação longos dias perdida no mar encontrou de repente um navio amigo e mandou-lhe este pedido angustiado:

— Água, água. Estamos mortos de sede.
A resposta do barco amigo não tardou:
— Lançai o balde aí onde estais.
Novamente o sinal aflito surgiu na ponta dum mastro:
— Água, mandai-nos água.
E a mesma resposta se repetiu:
— Lançai o balde aí onde estais.
Terceira e quarta vez a súplica ansiosa se reproduziu. E sempre o mesmo conselho:
— Lançai o balde.
Afinal o capitão do navio perdido desceu o balde, que subiu cheio de água fresca e pura da boca do Amazonas.
Aos negros que desejam emigrar para conseguir sorte melhor, que se afastam do vizinho branco, direi:
— Lançai o balde aí onde estais, procurando a amizade dos homens que vos cercam. Lançai o balde na agricultura, nas artes mecânicas, no comércio, no serviço doméstico, em todas as profissões.
É bom nos lembrarmos de que, não obstante os erros cometidos nesta região, o negro acha no Sul, em tudo quanto se refere a negócios, as vantagens conferidas aos outros cidadãos. E os produtos hoje aqui expostos demonstram nitidamente esta igualdade. Corríamos o risco de, no salto da escravidão para a vida livre, pretender uma existência fácil e desocupada. Não nos devemos esquecer de que só prosperamos se aprendermos a exaltar e glorificar o trabalho manual, empregar inteligência e destreza nos misteres ordinários, pôr de lado bagatelas e ater-nos às coisas essenciais. Nenhum povo se eleva enquanto não souber que é tão digno cultivar um campo como escrever um poema. É pela base da vida e não pelo cume que precisamos começar. Não deveríamos permitir que as nossas queixas anulassem os nossos privilégios.
Aos brancos que desejam subordinar o desenvolvimento do Sul à imigração de massas estranhas, de nascimento, línguas e costumes diferentes dos nossos, repito o que já disse aos homens da minha raça:
— Lançai o balde aí onde estais. Lançai-o entre oito milhões de negros que bem conheceis, que vos mostraram fidelidade quando a traição teria causado a ruína dos vossos lares. Lançai o balde entre pessoas que, sem greves nem revoltas, cultivaram os vossos campos, abateram as vossas florestas, construíram cidades e caminhos de ferro, tudo

vosso, arrancaram tesouros das entranhas da terra e possibilitaram esta representação magnífica do progresso do Sul. Se descerdes baldes entre os homens da minha raça, auxiliando-os, animando-os, dando-lhes meios de utilizar o espírito e as mãos, vereis que eles vos comprarão as terras devolutas, beneficiarão as vossas fazendas, darão prosperidade às vossas fábricas. Ficai certos de que vos cercarão famílias pacientes e fieis, obedientes à lei, incapazes de ódio. Como no passado já vos provamos a nossa dedicação, tratando de vossos filhos, velando à cabeceira de vossos pais e muitas vezes, com lágrimas nos olhos, conduzindo-os ao túmulo, assim no futuro permaneceremos ao vosso lado, com uma afeição que nenhum estrangeiro teria, prontos a dar a nossa vida para defender a vossa, em caso de necessidade, juntando a nossa atividade industrial, comercial, civil e religiosa à vossa. Confundir-se-ão os interesses das duas raças. Em todas as coisas puramente sociais poderemos estar separados como os dedos da mão, e como os dedos da mão nos uniremos no que for essencial ao progresso mútuo. Só há garantia e segurança para nós no desenvolvimento completo de todos. Sejam as energias gastas com o fim de entravar a expansão da gente negra empregadas utilmente estimulando-a. Teremos cidadãos aptos, os esforços despendidos darão um lucro de mil por cento. Dezesseis milhões de braços vos ajudarão a transportar o vosso fardo, se não preferirdes carregá-lo sem auxílio, achando-o demasiado leve. Constituiremos um terço da ignorância e do crime no Sul, ou um terço da sua inteligência e do seu progresso. Contribuiremos com a terça parte nos negócios e na prosperidade industrial do Sul. Ou seremos um peso morto, um elemento inútil no corpo social.

Senhores da Exposição, no momento em que vos apresentamos os resultados do nosso trabalho modesto, é preciso que não sejais muito exigentes. Começamos há trinta anos, tendo como propriedade alguns cobertores, cabaças e frangos, conseguidos sabe Deus como. O caminho que andamos para chegar a dirigir farmácias e bancos, fabricar ou inventar instrumentos agrícolas, carros, máquinas, jornais, livros, estátuas, gravuras e pinturas, não foi isento de espinhos. Orgulhando-nos, porém, do que agora exibimos, produto do nosso esforço, não esquecemos um só instante que a nossa parte nesta Exposição seria menor se a nossa educação não fosse objeto da solicitude constante dos estados do Sul e especialmente dos filantropos do Norte, que para nós têm canalizado um verdadeiro rio de benefícios.

Os homens experientes da minha raça compreendem que a agitação relativa às questões de igualdade social é uma grande loucura e que os privilégios que teremos um dia serão consequência dum esforço obstinado, não coisa obtida artificialmente. Nenhuma raça que leva qualquer coisa aos mercados da terra permanece no ostracismo. É importante e justo gozarmos as vantagens que a lei nos proporciona, mas é muito mais importante estarmos aptos para o exercício dessas vantagens. O direito de ganhar um dólar na fábrica vale mais que o direito de gastar um dólar no teatro.

Terminando, repetirei que, nestes últimos trinta anos, nada nos deu mais esperança e coragem, nada nos ligou mais aos brancos que o encontro que aqui se realiza. E, perante os resultados dos trabalhos das duas partes, prometo que, na tarefa que ides executar para resolver o problema difícil imposto ao Sul, tereis sempre o auxílio paciente da minha raça. Não esqueçamos, porém, que, sejam quais forem os bens resultantes da exibição dos produtos do campo, da floresta, da mina, da fábrica, das letras e das artes, acima disto virá um benefício maior — justiça imparcial, obediência voluntária de todos à lei, desaparecimento de hostilidades regionais e desconfianças. É isto que, junto à prosperidade material, trará ao nosso amado Sul uma era nova de felicidade e regeneração."

Quando acabei de falar, o governador Bullock atravessou o palco e veio apertar-me a mão, ato que outros imitaram. Recebi tantos parabéns que tive dificuldade em sair do edifício. No outro dia, porém, percorrendo a zona comercial de Atlanta, é que fiz ideia da impressão causada pelo meu discurso. Ao ser reconhecido, fui apontado, envolvido por uma chusma de curiosos. Isto aconteceu em todas as ruas por onde andei. Acanhado, meti-me no hotel. Na manhã seguinte regressei a Tuskegee, e na viagem achei as estações repletas de indivíduos que desejavam felicitar-me.

Os jornais dos Estados Unidos publicaram o discurso na íntegra, e durante meses fizeram-me referências amáveis. O sr. Clark Howell, diretor do *Constitution*, de Atlanta, telegrafou a um jornal de Nova York:

"Não exagero dizendo que o professor Booker T. Washington fez ontem um dos discursos mais importantes que já foram pronunciados no Sul, tanto pelo que vale como pelo entusiasmo que provocou.

Foi uma revelação, um verdadeiro programa oferecido a brancos e negros."

O *Transcript,* de Boston, publicou isto:

"O discurso de Booker T. Washington na Exposição de Atlanta esta semana parece ter lançado na sombra todos os outros acontecimentos e até a própria Exposição. A curiosidade que despertou na imprensa foi enorme."

Comecei a receber propostas de agências, de diretores de revistas e jornais para falar em público e escrever artigos. Um desses estabelecimentos ofereceu-me um contrato de cinquenta mil dólares por conferência, cinquenta mil dólares líquidos. Respondi que só falaria no interesse da escola de Tuskegee e da raça negra, que não poderia tomar em consideração negócios que não se relacionavam com o meu trabalho habitual.

Enviei um exemplar do meu discurso ao presidente dos Estados Unidos, o sr. Grover Cleveland, e recebi esta resposta autógrafa:

"Gray Gables, Buzzard's Bay, Mass.,
6 de outubro de 1895.
Ilmo. Sr. Booker T. Washington.

Caro senhor:

Agradeço-lhe a remessa do seu discurso pronunciado na Exposição de Atlanta. Felicito-o entusiasticamente por havê-lo feito. Li-o com grande interesse e acho que a Exposição estaria amplamente justificada se outra coisa não fizesse senão dar-lhe ensejo de manifestar-se. As suas palavras encantam e animam os que se interessam pela sua raça. E seria realmente estranho que os nossos patrícios de cor, ouvindo-as, não se enchessem de esperança para a conquista de todas as vantagens que o título de cidadão lhes oferece.

Subscrevo-me, com simpatia,
Grover Cleveland."

Vi o sr. Cleveland pela primeira vez quando ele visitou a Exposição de Atlanta. Atendendo a um pedido que lhe fizemos, passou uma hora no pavilhão negro, onde examinou as coisas expostas e recebeu os cumprimentos da gente de cor. Impressionou-me sua simplicidade, sua rude honestidade. Encontrei-o depois muitas vezes, em cerimônias públicas e na sua casa particular, em Princeton. E quanto mais o vejo, mais o admiro. Na visita ao nosso pavilhão parecia entregar-se completamente ao povo negro. Apertava a mão duma velha esfarrapada como se falasse a um milionário. Muitos negros aproveitaram a ocasião para pedir-lhe a assinatura em livros e em pedaços de papel. Com grande paciência ele escrevia, e dava-nos a impressão de estar assinando documentos oficiais.

O sr. Cleveland honrou-me com a sua amizade e muito auxiliou a escola de Tuskegee fazendo-nos ofertas e obtendo com a sua influência donativos de outros. Nunca percebi nele preconceitos de raça.

Aliás, até hoje só notei prejuízos dessa natureza em criaturas mesquinhas, estreitas e fechadas, que não leem, não viajam, não entram em relações com o grande mundo exterior. Um homem que se limita a perceber a diferença que há entre duas cores nunca perceberá as coisas elevadas e boas da terra. Daí à cegueira completa a distância é pequena. Digo muitas vezes aos estudantes, nas minhas alocuções domingo à tarde na capela, que não merecemos vida se nos faltam meios de tornar os outros mais felizes e mais úteis.

Os negros e os jornais negros a princípio ficaram satisfeitos com o discurso de Atlanta e com as manifestações que ele produziu. Mas, passada a explosão de entusiasmo, lido o discurso impresso, várias pessoas afirmaram que tinham sido hipnotizadas. Acharam que eu havia sido liberal demais nas considerações feitas aos brancos do Sul, que não me pronunciara com bastante força em favor dos direitos da raça. Durante algum tempo muitos negros me hostilizaram. Mais tarde, percebendo o erro, aceitaram as minhas ideias.

Aludindo à mudança de opinião pública, lembrei-me dum fato que não esquecerei. O dr. Lyman Abbott, pastor da igreja de Plymouth e diretor da *União cristã,* pediu-me um artigo para o seu jornal a respeito da situação intelectual e moral dos pastores negros no Sul. Escrevi relatando as minhas observações pessoais, e o quadro que daí resultou foi negro. Como sou negro, talvez andasse melhor dizendo que ele foi *branco.* Natural: uma gente que sabia da escravidão não podia ter pastores competentes.

Pois os ministros de cor indignaram-se e cartas de reprovação choveram em cima de mim. Associações religiosas pertencentes à minha raça votaram resoluções condenando-me ou convidando-me a retratar-me. Muitas dessas organizações chegaram, nas ordens do dia, a recomendar aos pretos que não mandassem alunos a Tuskegee. Despachou-se contra a escola um *missionário* que tinha a incumbência de abrir os olhos aos pais de família. Esse homem deu muitos conselhos aos outros, mas tinha um filho conosco e teve o cuidado de não retirá-lo. Diversos jornais negros, especialmente os órgãos de sociedades religiosas, atacaram-me rijamente.

Deixei que falassem, gritassem, e não me desdisse nem me expliquei: estava certo de que, refletindo, os meus agressores concordariam comigo. Ora, passado algum tempo, as autoridades eclesiásticas determinaram um inquérito rigoroso sobre a condição do ministério e acabaram dando-me razão. O bispo mais antigo e mais influente dum dos ramos da Igreja metodista afirmou que as minhas palavras eram muito indulgentes. Logo a opinião pública se manifestou exigindo a purificação do corpo sacerdotal. Embora essa obra esteja longe de completar-se, creio poder dizer sem vaidade que o meu artigo não foi estranho a um movimento destinado a melhorar o pessoal da Igreja. Tive o prazer de ouvir felicitações de pessoas que pouco antes me haviam censurado a franqueza.

A atitude dos pastores com relação a mim transformou-se completamente, e hoje em nenhuma outra classe tenho amigos tão bons.

A experiência colhida nesse incidente convenceu-me de que, se temos razão e nos acusam, devemos calar-nos. O tempo se encarregará de justificar-nos.

Enquanto se discutia o meu discurso de Atlanta, recebi esta carta do dr. Gilman, presidente da Universidade John Hopkins:

"Universidade John Hopkins, Baltimore,
30 de setembro de 1895.

Caro sr. Washington:

Agradar-lhe-ia ser um dos membros do júri na seção de instrução pública de Atlanta? Caso aceite a nomeação, terei muito prazer em pôr o seu nome na lista. Agradeço-lhe a remessa duma linha, por telegrama.

Saudações.
D. C. Gilman."

Acho que fiquei mais surpreendido que ao receber o convite para falar na abertura da Exposição. Entrando no júri, eu teria o direito de julgar os trabalhos das escolas negras e os das brancas também. Aceitei o cargo e passei um mês em Atlanta, no exercício desses novos deveres. O júri compunha-se dumas sessenta pessoas, brancos nortistas e sulistas, entre eles diretores de colégios, sábios, homens de letras e especialistas em muitos assuntos. Quando se organizou a minha seção, o sr. Thomas Nelson Page, em moção unanimemente aceita, indicou-me para secretário. Aproximadamente metade dos meus companheiros era do Sul. Pois, examinando os papéis de escolas brancas, fui tratado invariavelmente com respeito, e no fim dos nossos trabalhos separei-me triste dos colegas.

Muitas vezes me pedem que diga francamente o que penso a respeito da condição política da minha raça. Repito o que em Atlanta já disse claramente. Tempo virá em que o negro do Sul terá todos os direitos políticos que a habilidade, o caráter e a riqueza lhe permitirem. Julgo, porém, que esses direitos não serão arrancados à força, mas espontaneamente oferecidos pelo povo do Sul. Logo que os homens daqui deixem de supor que *estrangeiros* os obrigam a fazer o que eles não desejam, acho que teremos transformações favoráveis ao negro. Realmente há sinais de que isso começou a manifestar-se. Permitam-me um exemplo. Imaginemos que, meses antes da Exposição de Atlanta, tivesse havido fora do Sul uma campanha, nos jornais e na tribuna, para que um negro figurasse no programa da sessão inaugural. Pensam que se realizaria essa homenagem à raça? Creio que não se realizaria. Os homens da Exposição de Atlanta procederam daquele modo porque tiveram satisfação em recompensar o que presumiam ser o mérito da raça negra.

A minha opinião (e a maioria dos negros concorda comigo) é que devemos ser modestos nas aspirações políticas e contar com o efeito lento, mas seguro, da riqueza, da inteligência e do caráter. A aquisição dos direitos políticos virá pouco a pouco, não será negócio dum dia. Certamente o negro precisa votar, pois não se habituaria sem voto à prática dos deveres cívicos, da mesma forma que uma criança não aprenderia a nadar fora da água. Mas julgo que, votando, ele deveria submeter-se à influência dos homens superiores que o cercam. Conheço negros que, aceitando os conselhos de brancos, arranjaram fazenda no valor de milhares de dólares. Esses mesmos negros não recorreriam aos brancos amigos em matéria de eleição. Isto me parece desarrazoado. Falando assim, não pretendo que nos humilhemos, abandonemos os princípios. Se nos rebaixássemos, perderíamos a confiança e o respeito dos brancos.

É na verdade bem estranho que um estado conceda o direito de voto ao branco ignorante e indigente e negue esse direito ao negro que está nas mesmas condições. Semelhante lei é injusta e, como todas as coisas injustas, perigosa. Incita o negro a instruir-se e enriquecer e faz que o branco se deixe ficar na ignorância e na pobreza.

Com a educação do povo e aproximação das raças, as fraudes eleitorais cessarão. Veremos que o sujeito que rouba a cédula de voto dum negro pode também roubar a dum branco e, de patifaria em patifaria, acaba enganchando-se num delito grave. O Sul chamará todos os cidadãos às urnas. E terá uma vida sã e vigorosa, muito diferente da estagnação que se produz quando metade da população não toma interesse pela coisa pública.

Sou partidário do sufrágio universal. Temos, porém, aqui no Sul condições particulares. Pelo menos por enquanto, em muitos estados, deveria permitir-se o voto aos indivíduos que possuíssem alguma instrução e alguma riqueza. Indivíduos pertencentes às duas raças, é claro.

Capítulo XV
O êxito na arte oratória

Agora dou a palavra ao sr. John Creelman. Esse correspondente militar bastante conhecido assistiu à sessão e mandou ao *New York World* uma notícia que, melhor que as minhas palavras, dirá como foi recebido o discurso.

"Atlanta, 18 de setembro.

Enquanto o presidente Cleveland esperava em Gray Gables o momento de lançar a faísca elétrica que poria em movimento as máquinas da Exposição de Atlanta, um Moisés negro se levantava perante um auditório de brancos e fazia um discurso que ficará na história do Sul. Ao mesmo tempo tropas negras marchavam em cortejo com as milícias da Geórgia e da Louisiana. Desde o imortal discurso de Henry Grady na Sociedade da Nova Inglaterra, em Nova York, nada se fez que melhor pusesse em evidência o espírito que hoje anima o Sul.

Quando o professor Booker T. Washington, diretor duma escola profissional negra em Tuskegee, no Alabama, se levantou para falar, meio cego pelo sol, que lhe punha no rosto um brilho de profecia, Clark Howell, sucessor de Henry Grady, me disse:

— O discurso deste homem vai ser o começo duma revolução moral nos Estados Unidos.

Pela primeira vez um negro se manifestou no Sul, em momento de alguma importância, na presença de brancos dos dois sexos. E eletrizou o público: um enorme clamor, um ruído de tormenta abafou as suas últimas palavras.

Quando a sra. Thompson se sentou, todos os olhos se pregaram num grande negro cor de bronze que ocupava lugar na primeira fila do palco. Era o professor Booker T. Washington, diretor da escola normal e profissional de Tuskegee, de agora em diante uma personagem notável entre os da sua raça. A orquestra de Gilmore tocou a ária da "Star-Spangled Banner", e todos aplaudiram. Em seguida veio a ária de "Dixie", e houve gritos frenéticos. Com "Yankee Doodle" o entusiasmo diminuiu.

Toda a gente se preocupava com o orador negro. Estranho acontecimento: um negro ia falar em nome do seu povo, sem ser interrompido. O professor Booker Washington levantou-se, deu uns passos, tentou defender-se do sol, que entrava pelas janelas e lhe batia no rosto. Enquanto uma grande aclamação o acolhia, procurou lugar cômodo no palco. Depois, resolutamente, afrontou a luz e, sem bater as pálpebras, começou a falar.

Era uma figura imponente. Grande, magro, conservava-se direito como um chefe selvagem. Cabeça erguida, fronte altiva, nariz reto, queixo forte, boca firme e voluntariosa, dentes brancos e olhos vivos, era realmente um tipo soberbo. O pescoço bronzeado aprumava-se, um braço musculoso movia-se, a mão direita segurava fortemente um lápis. Os grandes pés se firmavam solidamente, os calcanhares juntos e os dedos para fora. A voz clara e sonora arrastava-se nas passagens que era necessário sublinhar. Em menos de dez minutos a multidão agitou-se num entusiasmo delirante, os chapéus voaram. Senhoras da Geórgia aplaudiam ruidosamente.

E quando, erguendo a mão, os dedos separados, falou aos brancos do Sul: 'Podemos, nas relações sociais, estar afastados como os dedos da mão e nos juntarmos não obstante para o progresso geral', sua voz poderosa quebrou-se como uma vaga contra os muros da sala, e aclamações furiosas arrebataram o público. Nesse momento parecia surgir a imagem de Henry Grady envolto numa nuvem de fumo, no banquete de Delmonico, a exclamar: 'Sou um Cavaleiro entre Cabeças-redondas.'

Ouvi grandes oradores em muitos países, mas o próprio Gladstone não venceria aquele negro anguloso que ali se erguia iluminado por um nimbo de sol, diante dos que outrora haviam pegado em armas para conservar a sua raça na escravidão. Os clamores aumentavam, e o rosto do homem permanecia impassível.

Um grande negro retinto, esfarrapado, encolhido num canto, pregava no orador um olhar ardente e tremia, até que a salva final de aplausos lhe arrancou uma torrente de lágrimas. Muitos outros choravam também, provavelmente sem saber por quê.

Findo o discurso, o governador Bullock atravessou rápido o palco e apoderou-se da mão do orador. Uma segunda ovação rebentou, e os dois homens ficaram juntos alguns instantes, de mãos dadas."

Depois do discurso de Atlanta, aceitei alguns convites para falar em público, sobretudo quando me aparecia ensejo de visitar regiões onde a minha palavra podia ser útil à raça negra. Referi-me largamente às necessidades do meu povo e aos trabalhos de Tuskegee. Como não sou conferencista profissional, pus de lado a ideia de ganho.

Sempre me espantou, desde que falo em público, notar que muitas pessoas abandonam os seus negócios por minha causa. Vendo a multidão invadir uma sala de conferências para escutar-me, sinto-me confuso, lamento que ela se disponha a perder uma hora. Convidaram-me, há alguns anos, para falar numa sociedade literária de Madison, no Wisconsin. No meio duma tempestade de neve que durou muitas horas, dirigi-me ao local da reunião, só por desencargo de consciência, certo de que lá não estava ninguém. Pois achei a sala repleta, o que me causou verdadeiro assombro.

Já me perguntaram se me comovo ao fazer um discurso. Como arengo com frequência, julgam que não estou sujeito a perturbações. Confesso que tenho momentos horríveis, e algumas vezes a excitação é tão forte que prometo a mim mesmo não voltar à tribuna. E não é só antes de falar que essa angústia me atormenta: quando me calo, vem-me de repente uma enorme tristeza por haver esquecido coisas essenciais que tencionava dizer.

Existem, porém, compensações. De ordinário ao cabo de alguns minutos livro-me dessa agitação e experimento um grande prazer, convenço-me de que influenciei o auditório, estabeleci uma corrente de simpatia com o público. Não há satisfação igual à do orador que domina os seus ouvintes. Um fio parece ligá-los, um fio resistente, quase visível. Se entre mil homens estiver um que tenha opiniões contrárias às minhas ou me ouça com frieza, sinto-lhe prontamente a hostilidade. Percebendo-o, dirijo-me exclusivamente a ele, e não há nada melhor que ver o gelo derreter-se. Conto-lhe às vezes uma história, se bem que não conte anedotas pelo prazer de contá-las. Essa parolagem é prejudicial e não ilude ninguém. Não devemos falar se não temos qualquer coisa para dizer. Se tivermos, podemos mandar ao diabo a retórica, os preceitos de elocução. Há pausas, sem dúvida, maneira de respirar, tom de voz, mas nada disso substitui a *alma* num discurso. Nas minhas lições em Tuskegee gosto de esquecer as regras de sintaxe inglesa e de retórica e acho bom que os alunos também as esqueçam.

O que mais me transtorna quando falo é ver alguém levantar-se. Tento evitar isso tornando o discurso interessante, acumulando fatos, de modo que ninguém tenha o desejo de retirar-se. Convenci-me de que devemos citar fatos, em vez de nos determos em generalidades e em coisas de moral. Deem aos homens, sob forma atraente, muitos fatos: eles tirarão as conclusões necessárias.

Os ouvintes que mais me agradam são os homens de negócio, inteligentes e vivos, como os de Boston, Nova York, Chicago e Buffalo. Nestes últimos anos falei muito a esses comerciantes das cidades grandes. A hora conveniente de nos dirigirmos a eles é o fim dum bom jantar, embora não haja tortura pior que tomarmos parte numa refeição de quatorze pratos, esperando o momento de fazer um discurso e receando fiasco.

Sempre que me sento a essas mesas, lembro-me do meu tempo de criança, da casa de madeira onde vivi, pequeno escravo, e parece-me voltar a ela, sentir a delícia de provar uma vez por semana o melado que nos vinha da casa-grande. A nossa comida habitual era pão de milho e carne de porco, mas aos domingos minha mãe tinha o direito de trazer da casa-grande um pouco de melado para nós. Eu desejava que todos os dias fossem domingos, ia buscar o meu prato de folha, estendia-o para receber a gulodice prometida e fechava os olhos, esperando que, ao abri-los, me apareceria uma quantidade grande. De posse daquela preciosidade, espalhava-a até cobrir a superfície do prato, na ingênua ilusão de que ela crescia. A impressão deixada por essas festas dominicais é forte, e ainda hoje me convenceriam dificilmente de que o melado que se espalha num prato não vale mais que o que se junta num canto, se podemos falar em canto, referindo-nos a um prato. Davam-me comumente duas colheres do melado, mais agradáveis que os banquetes de hoje.

Depois da gente de negócio, os melhores ouvintes que tenho achado são os homens do Sul, das duas raças. Sabem ouvir com atenção. Os negros dizem "Amém, é verdade", e isto é um incentivo para o orador.

Também me agradam os estudantes. Tive a sorte de fazer conferências em estabelecimentos notáveis, em Harvard, Williams, Amherst, nas universidades de Fisk, Pensilvânia, Wellesley, Michigan, no colégio da Trindade na Carolina do Norte e em muitos outros.

Frequentemente, no fim dum discurso muitas pessoas vieram cumprimentar-me, afirmando que pela primeira vez tratavam um negro por *senhor*.

Quando me afasto de Tuskegee com o fim de obter recursos para a escola, preparo algumas conferências, umas quatro, que são pronunciadas nos centros importantes de cada região, nas igrejas, nas escolas, nas sociedades cristãs, em clubes.

Há três anos, por proposta do sr. Morris K. Jesup, de Nova York, e do dr. J. L. M. Curry, agente geral da fundação John Slater, os administradores desta sociedade destinaram uma verba às despesas das viagens que eu e a sra. Washington fazemos nos estados mais feridos pela escravidão. Todos os anos consagramos algumas semanas a esse trabalho. Pela manhã dirijo-me aos professores, aos ministros, aos comerciantes; à tarde minha companheira fala às mulheres; à noite apareço em grandes reuniões públicas. Ordinariamente há brancos no auditório. Em Chattanooga, no Tennessee, tive cerca de oitocentos brancos em três mil pessoas.

Essas viagens produzem excelente resultado. Conseguimos penetrar a vida dos negros, observá-los em casa, na igreja, na escola, na fábrica, na prisão, na piolheira da cidade. E aumenta a confiança que tenho no futuro da minha raça. Sei que as aparências, os entusiasmos rápidos, nos enganam, mas habituei-me a desprezar sinais exteriores, esforço-me por examinar as coisas, colher informações com método e sangue-frio.

Um entendedor barato afirmava ultimamente que na raça negra fervilham as mulheres desonestas. Está aí uma odiosa mentira. Como se provaria semelhante coisa? É preciso não ter estado vinte anos em contato com os pretos, como estive, no coração do Sul, para ignorar que eles, a despeito do que se possa dizer, progridem, talvez devagar, mas com segurança, material, moral e intelectualmente.

Poderíamos escolher certos indivíduos das classes baixas de Nova York e julgar por eles a moral do branco, mas isto seria um procedimento desleal.

No começo de 1897 convidaram-me para fazer o discurso de honra quando se erigiu o monumento a Robert Gould Shaw, em Boston. Aceitei o convite. Não preciso dizer quem foi Robert Shaw. O monumento erguido à sua memória está num jardim público de Boston, em frente ao palácio do governo, e é considerado uma obra-prima de estatuária, a mais bela dos Estados Unidos. As cerimônias da festa realizaram-se na sala dos concertos, que se encheu da gente mais distinta da cidade. Reuniram-se aí velhos abolicionistas em grande número. O general Roger Wolcott, então governador do Massachusetts, presidiu a solenidade, e junto a ele sentaram-se altos funcionários e centenas de homens consideráveis. Copio uma notícia publicada no *Transcript* de Boston:

"O acontecimento mais importante da cerimônia efetuada ontem, em honra da fraternidade humana, foi o magnífico discurso do diretor do instituto de Tuskegee, Booker Washington, que em junho último a universidade Harvard distinguiu com um título honorário. Pela primeira vez a universidade mais antiga dos Estados Unidos concedeu essa distinção a um negro, por julgá-lo 'digno condutor do seu povo', conforme disse o general Wolcott, apresentando-o.

Quando o sr. Washington se levantou na sala aquecida pelo entusiasmo patriótico, onde voavam bandeiras, a multidão sentiu-se na presença da justificação viva do espírito abolicionista de Massachusetts. Essa personagem encarnava a antiga fé indomável, e na sua eloquência, rica de pensamento e brilho, os velhos dias de luta e sofrimento acharam recompensa.

A decoração era de grande beleza. Boston, que imaginam tão fria, animava-se com o fogo de verdade e justiça que arde no seu coração. A sala regurgitava de pessoas alheias a acontecimentos públicos, de famílias que, em dias de festa, ordinariamente se retiram para o campo. Boston celebrava o aniversário da maioridade exibindo os seus melhores cidadãos, homens e mulheres, de nomes ilustres e vidas cheias de virtudes.

Uma vigorosa música marcial tinha ressoado, ovações sucediam-se às ovações, aplausos calorosos e prolongados saudavam os amigos e os oficiais do coronel Shaw, o escultor Saint-Gaudens, a comissão do Memorial, o governador e o seu estado-maior, os soldados negros do 54.º regimento de Massachusetts. O coronel Henry Lee, numa alocução nobre e simples, inaugurara a festa rendendo homenagem ao sr. John M. Forbes, que ele substituía. O general Wolcott fizera um memorável pequeno discurso, afirmara 'que o forte Wagner figurava na história duma raça e marcava o princípio da sua maioridade'. O sr. Quincy tinha recebido o monumento em nome da cidade. Enfim a história do coronel Shaw e do seu regimento negro fora reproduzida em termos eloquentes, e o cântico 'Os meus olhos viram a tua glória, Senhor' havia terminado quando Booker Washington se levantou. O momento era propício. A multidão, que saía da calma habitual aos auditórios dos concertos, vibrava. Dez vezes tinha-se levantado para aplaudir, lançar vivas, agitar lenços. Quando aquele homem inteligente, de pele escura e voz poderosa, começou a falar, a citar os nomes de Stearns e Andrew, a comoção espalhou-se. Os olhos dos militares e dos civis molharam-se.

O orador, voltando-se para os soldados negros e para o porta-bandeira do forte Wagner que, sorrindo, levantava o pavilhão nunca abandonado, exclamou:

— Para vós, restos mutilados e dispersos do 54.º, que honrais esta cerimônia apresentando-vos aqui, o vosso comandante não morreu. Ainda que a cidade de Boston não tivesse erguido este monumento, ainda que a história esquecesse tão altos feitos, em vós e na raça leal que representais Robert Gould Shaw teria um monumento indestrutível.

E Roger Wolcott, governador de Massachusetts, interpretando a simpatia do povo, levantou-se e gritou:

— Três aclamações a Booker Washington!"

Entre os que se achavam no palco figurava o sargento William H. Carney, de New-Bedford, o valente negro que, no forte Wagner, tinha conservado a bandeira americana erguida no meio da refrega. Se bem que o regimento fosse dizimado, ele conseguira escapar e exclamara depois da batalha: 'A velha bandeira nunca foi ao chão.'

Vinha com ela naquele dia de festa, e pôs-se em pé, agitou-a no ar quando falei no sargento Carney e me voltei para os sobreviventes do regimento negro. Tenho recebido manifestações calorosas próprias para lisonjear-me, nenhuma, porém, como a que essa cena provocou.

Nas demonstrações de regozijo que sucederam à guerra hispano-americana, fizeram-se reuniões em várias cidades. A comissão de Chicago, dirigida pelo sr. W. Harper, presidente da universidade, pediu-me que falasse na semana do jubileu. Fiz em Chicago dois discursos, o mais importante a 16 de outubro, quando tive o público mais abundante da minha carreira de orador. Avaliaram em dezesseis mil o número de pessoas que me ouviram nessa noite, e tive a impressão de que fora da sala apinhada outro tanto desejava entrar nela à força. Para alguém atravessar as portas necessitava a intervenção da polícia. Estiveram presentes à sessão o presidente William McKinley, todos os membros do gabinete, diversos ministros estrangeiros, numerosos oficiais do Exército e da Marinha, entre os quais alguns se haviam distinguido na recente guerra. Quatro oradores: o rabino E. G. Hirsch, o padre Thomas P. Hodnett, o dr. John H. Barrows e eu. Do *Times-Herald* de Chicago reproduzo este pedaço de notícia:

"Fez-nos ver o negro preferindo o cativeiro à morte e evocou a figura de Crispus Attucks, que se bateu no começo da Revolução Americana para libertar a raça branca, enquanto a sua continuava oprimida; narrou o procedimento dos negros em Nova Orleans; pintou os escravos do Sul a sustentar e proteger as famílias dos seus senhores, que lutavam defendendo a escravidão; falou na bravura das tropas negras em Port-Hudson, nos fortes Wagner e Pillow; elogiou o heroísmo dos regimentos negros que bombardearam El Caney e Santiago para dar liberdade aos cubanos, esquecendo a injustiça de que eram vítimas na sua própria terra. Dirigiu este eloquente apelo à consciência americana: 'Se ouvistes a história completa da ação do negro na guerra hispano-americana, se a ouvistes contada pelo homem do Norte e pelo homem do Sul, pelo ex-abolicionista e pelo ex-senhor, reconhecereis que essa gente pronta a oferecer a vida ao seu país merece que lhe permitam viver no seu país.'

Houve na plateia um enorme entusiasmo quando manifestei os agradecimentos do negro por lhe haverem dado um lugar na guerra. O presidente McKinley se achava num camarote, à direita do palco. No momento em que, ao terminar a frase, me voltei para ele, uma ovação tumultuosa rebentou. Agitaram-se lenços, bengalas e chapéus. O presidente ergueu-se, inclinou-se. E surgiram novas aclamações, de violência incrível.

Alguns pontos do meu discurso de Chicago não foram bem compreendidos pela imprensa do Sul, que me atacou fortemente várias semanas, até que o diretor do *Age-Herald*, de Birmingham, no Alabama, me escreveu pedindo esclarecimentos. Mandei-lhe uma carta que apaziguou os críticos. Afirmei que tinha por costume não dizer no Norte coisa que não pudesse dizer no Sul e que dezessete anos de trabalho em Tuskegee deviam bastar aos sulistas mais difíceis de contentar. Repeti parte do meu discurso de Atlanta a respeito de preconceitos de raça.

Aparecem nas reuniões públicas indivíduos temerosos. São os malucos. Há tempo que os vejo e habituei-me a conhecê-los de longe. Têm de ordinário uma barba longa e maltratada, rosto macilento, paletó escuro, roupa branca suja e calças com joelheiras. Depois dum dos meus discursos em Chicago, surgiu-me um desses tipos, da espécie que descobre remédios para todos os males do universo. Tinha concebido um meio de conservar o milho três anos, e, segundo afirmava, se os negros lhe comprassem a invenção, liquidariam as divergências de raças. Em vão me esforcei por explicar-lhe que desejávamos produzir cereais para um ano. Outra personagem desse gênero tinha formado o projeto de fechar todos os bancos nacionais do país. Queria o meu concurso — estava certa de que isso regularia para sempre os negócios do negro.

O número de sujeitos que pretendem roubar-nos o tempo é incalculável. Falei uma noite em Boston. Acordaram-me cedo no dia seguinte e apresentaram-me um cartão de visita. Supondo que se tratasse de coisa importante, vesti-me depressa, desci e encontrei no salão do hotel um homem de rosto inocente, que me disse, calmo:

— Tive a satisfação de ouvi-lo ontem à noite. Por isso tomei a liberdade de procurá-lo agora de manhã, para renovar o prazer que senti.

Já me disseram que deve ser difícil, viajando como viajo, ocupar-me com a direção de Tuskegee. Respondo, contrariando o provérbio "Quem quer vai, quem não quer manda", que não devemos fazer o que os outros fazem sem nós. A escola funciona admiravelmente, ainda que um dos administradores se afaste. O pessoal conta oitenta e seis indivíduos, e o trabalho de cada um é feito de maneira que tudo roda bem, tal qual o maquinismo dum relógio. Os professores, na maioria, aqui vivem há muitos anos e têm o interesse que eu tenho. Na minha ausência, o sr. Warren Logan, tesoureiro do instituto, preenche as funções de diretor. Secundam-no a sra. Washington e o sr. Emmett J. Scott, meu fiel secretário, que se encarrega de parte da correspondência e me comunica não só o que diz respeito à escola, mas tudo quanto se refere à raça negra. Ser-me-ia difícil mencionar os serviços que o sr. Scott nos tem prestado. Quer me ache em Tuskegee, quer não, o trabalho é dirigido pelo conselho executivo, que se reúne duas vezes por semana e é composto de nove pessoas, a cada uma das quais se confiaram atribuições particulares. A sra. B. K. Bruce, por exemplo, viúva do senador Bruce, é diretora do internato das moças. Além do conselho executivo, temos a comissão de finanças, que determina as despesas que se devem fazer cada semana. Pelo menos uma vez por mês os professores discutem. Há também reuniões de importância menor, as das classes bíblicas, as das sociedades agrícolas. Adotamos um sistema de relatórios que me anunciam os mais insignificantes pormenores do serviço, em qualquer ponto do país onde me encontre. Dizem-me quais os alunos dispensados dos cursos, a renda do estabelecimento, o número de litros de leite e de libras de manteiga que a fazenda produz. Sei como os professores e os alunos se alimentam, se a carne num dia determinado foi cozida ou assada, se os legumes foram comprados na venda ou colhidos no campo.

Perguntaram-me como, abarbado com trabalhos, cheio de obrigações na vida pública, posso achar repouso e distração. Chegaram a interrogar-me a respeito dos divertimentos que me agradam. Difícil responder, confesso. Acho que devemos robustecer-nos, adquirir nervos capazes de resistir a situações difíceis e decepções. Emprego o meu tempo de forma que os deveres da rotina se desempenham nas primeiras horas da manhã. Desembaraço-me da correspondência, da contabilidade, e no dia seguinte disponho de todas as horas. Sentimos um prazer físico, intelectual e moral quando somos inteiramente senhores do nosso trabalho, não nos subordinamos a ele. O espírito se alegra, o corpo se revigora, enfim temos saúde. Amamos a tarefa e achamo-nos fortes.

Acordo sempre bem-disposto, mas não esqueço que podem surgir acontecimentos desagradáveis e estou preparado contra eles: o edifício pega fogo e arde completamente, o artigo de jornal me agride por eu ter feito ou deixado de fazer qualquer coisa, por ter dito uma frase que não tive a intenção de dizer.

Há dois anos, ao cabo dum trabalho contínuo de dezenove anos, tomei uns meses de férias, quase obrigado por alguns amigos que me puseram nas mãos a quantia necessária a uma viagem à Europa.

Como já disse, acho que devemos tratar da saúde, curar os pequenos males, meio de afastar os grandes. Se tenho insônias, sei que há um desarranjo cá por dentro, e quando um órgão se atrapalha, consulto o médico. É uma felicidade podermos dormir quando queremos. Hoje, em qualquer parte onde me ache, encosto-me para uma soneca de vinte minutos e levanto-me repousado.

Escrevi que não gosto de deixar ocupações de um dia para outro. Excetuo os casos de importância, as questões de sentimento: julgo então razoável delongar, ouvir minha mulher ou os amigos.

Chego às leituras. Infelizmente não me sobra para elas muito tempo. Aproveito as horas de viagens, leio os jornais, que me dão prazer.

Não tolero as obras de ficção, é com dificuldade que vou ao fim dum romance famoso. A literatura que me agrada é a biografia: gosto dos heróis de carne e osso. Não exagero dizendo que li tudo quanto se escreveu a respeito de Abraham Lincoln, livros e artigos. É o meu santo, Lincoln.

Passo meio ano longe de Tuskegee. Os prejuízos que esse afastamento acarreta são compensados por algumas vantagens. A mudança de ocupações é para mim um repouso. Sinto-me realmente bem numa viagem longa em estrada de ferro, contanto que não me importune o indivíduo que se multiplica nos trens e usa este invariável introito:

— Não é a Booker Washington que tenho a honra? Tomo a liberdade de me apresentar.

A ausência faz-me esquecer minúcias e abranger o conjunto da escola melhor que se me conservasse perto dela. Observo métodos novos de educação e avisto-me com bons professores do país.

Fora isso, devo confessar que os momentos mais agradáveis da minha vida são os que passo junto da mulher e dos filhos. À noite, depois da ceia, lemos um pouco, ou então cada um de nós conta uma história. E há os passeios no bosque, domingo à tarde: livres dos maçadores, respiramos ar puro, no meio das árvores, das flores, de milhões de plantas perfumadas, ouvindo grilos e pássaros.

Gosto de tratar do meu jardim, chegar-me à natureza, esquivar-me ao artifício e à imitação. Quando posso fugir do escritório e jardinar meia hora, sinto uma renovação de forças que me ajuda a suportar os aborrecimentos sucessivos nesta carreira difícil.

Sem falar na capoeira e nos animais domésticos pertencentes à escola, possuo alguns porcos e aves de estimação. O porco é o meu bicho favorito, especialmente o Berkshire e o Poland China.

Não sou dado a jogos. Nunca vi o futebol. E a minha ignorância é absoluta em matéria de cartas, nem sequer distingo os naipes. Às vezes me divirto jogando a bola com os meninos. Gostaria talvez dos jogos se tivesse aprendido alguns na infância. Mas nesse tempo nem me era permitido pensar em semelhante coisa.

Capítulo XVI
Viagem à europa

Em 1893 casei-me com miss Margaret James Murray, originária do Mississippi, diplomada pela universidade Fisk, de Nashville, no Tennessee. Minha mulher dedica-se ao duro trabalho da escola, organiza reuniões de mães de família e ocupa-se com uma sociedade de negros, situada a légua e meia de Tuskegee. Essas obras têm duplo fim: socorrem os pobres e ministram lições práticas aos nossos alunos, ensinam-lhes a maneira de proceder no futuro, quando se tornarem educadores. Além disso, a sra. Washington fundou um clube feminino que, duas vezes por mês, reúne as mulheres do instituto e da vizinhança. E preside a Federação dos clubes das mulheres negras e a Comissão executiva da Federação nacional dos clubes de mulheres negras.

Minha filha Portia é costureira e tem disposições para a música. Concluiu os seus estudos em Tuskegee e já começou a ensinar.

Baker Taliaferro, meu filho mais velho, trabalha no tijolo. Desde muito novo revelou-se um operário hábil e tem amor ao seu ofício. Deseja ser arquiteto e oleiro. Uma das cartas que me deram maior prazer foi a que recebi de Baker o ano passado. Saí de Tuskegee, em gozo de férias, e recomendei-lhe que empregasse parte do dia na fabricação dos tijolos. Algum tempo depois ele me escreveu:

"Caro papai:

Antes de viajar, tu me disseste que trabalhasse algumas horas no ofício. Mas, como gosto dele, trabalho o dia todo. Preciso ganhar muito dinheiro. Quando for para outro colégio, terei com que pagar as taxas.

Baker."

Ernest Davidson Washington diz que será médico. Frequenta as aulas, como os outros, vai à oficina, como os outros, entretém-se remexendo o laboratório da casa e apropriou-se de vários pequenos deveres da profissão.

O que me aflige nesta vida errante é ficar meio ano longe dos meus. Invejo o homem que se recolhe diariamente, tem serões regulares junto da família. Com certeza essa criatura feliz ignora o valor de semelhante prazer. É um alívio fugir da multidão e dos cumprimentos, não viajar, entrar em casa.

Também me dá muita alegria o serviço religioso na capela, às oito e meia, o último exercício a que professores e alunos se entregam antes de marchar para a cama. Temos aí onze a doze centos de jovens graves, recolhidos, e pensamos que é uma felicidade ajudá-los a viver utilmente e dignamente.

Na primavera de 1899 fizeram-me uma surpresa, das maiores que já experimentei. Algumas senhoras organizaram, em benefício de Tuskegee, uma reunião pública em Boston, no teatro da rua Hollis. A gente boa da cidade lá se achava, brancos e negros. A sessão foi presidida pelo bispo Lawrence. Fiz um discurso, o sr. Paul L. Dunbar recitou poemas e o dr. W. E. B. du Bois leu uma das suas memórias.

Acharam-me com ar fatigado e murcho. Acabada a festa, uma das senhoras que haviam tido a iniciativa dela perguntou-me, como por acaso, se eu tinha estado na Europa. Respondi que não, ela insistiu, quis saber se eu nunca havia pensado em visitar a Europa. Não, senhora, faltavam-me recursos para um desejo dessa natureza, confessei. E foi tudo.

Tinha esquecido inteiramente essa conversa quando, passados alguns dias, me comunicaram que amigos residentes em Boston, entre eles o sr. Francis J. Garrison, haviam reunido a quantia necessária para uma viagem de duas pessoas à Europa. Acrescentaram que eu e minha mulher não tínhamos o direito de recusar o oferecimento. Essa viagem me fora sugerida pelo sr. Garrison um ano antes, e, por considerá-la absurda, eu não lhe dera nenhuma atenção. Mas o sr. Garrison agarrara a ideia, juntara os seus esforços aos das senhoras mencionadas — e quando voltou a falar-me do assunto, estava tudo previsto, o itinerário traçado e duas passagens compradas.

Essas coisas se combinaram com tanta presteza que me assombrei. Vivera dezoito anos martelando em Tuskegee, e parecia-me indispensável continuar assim, martelando, até a consumação dos meus dias. A escola dependia de mim, havia as despesas cotidianas, foi o que eu disse aos meus excelentes amigos de Boston. E, agradecendo a generosidade deles, concluí que a viagem era impossível. Objetaram-me que o sr. Henry L. Higginson e outros cavalheiros, que não cito porque eles se zangariam comigo, tratavam de obter o dinheiro necessário à manutenção da escola durante a minha ausência. Aí as desculpas se tornavam impertinentes: baixei a cabeça.

Aquilo me atordoava. Impossível acostumar-me à ideia de que o projeto se realizaria. Via-me escravo, nas trevas da ignorância e da pobreza, vivendo numa cabana miserável, padecendo de fome, tremendo de frio. Era grande, quase rapaz, quando me servi pela primeira vez em mesa. O bem-estar e o luxo sempre me haviam parecido privilégio dos brancos. E de repente a Europa. O antigo escravo da Virgínia ia visitar Londres e Paris. Extraordinário.

Dois pensamentos me afligiam. Ao espalhar-se o rumor da viagem, talvez fossem por aí pensar que estávamos ficando arrogantes e vaidosos. Muitas vezes ouvi dizer que as pessoas da minha raça, elevando-se um pouco, perdiam a cabeça, enchiam-se de bazófia e macaqueavam os ricos. Receava que dissessem o mesmo de mim. Por outro lado, mordiam-me remorsos. Tinha deveres em quantidade, e parecia-me quase uma deserção afastar-me, deixando os outros no serviço. Desde menino havia trabalhado, e era impossível habituar-me à ideia de passar dois ou três meses ocioso.

Minha mulher concordava comigo. Resignou-se por achar que eu devia tomar um repouso necessário, embora inoportuno, pois naquele momento se discutiam questões consideráveis relativas aos negros. Enfim aceitamos a oferta dos nossos amigos de Boston, que logo quiseram saber o dia da partida. Marcou-se 10 de maio. O sr. Garrison encarregou-se dos preparativos. Arranjou-nos cartas de recomendação para a França e para a Inglaterra, previu tudo, regulou tudo a fim de proporcionar-nos conforto lá fora.

Saímos de Tuskegee e tomamos o trem de Nova York a 9 de maio. Portia, que estudava em South Framingham, em Massachusetts, veio assistir ao nosso embarque. O sr. Scott, meu secretário, acompanhou-me, e até a última hora discuti com ele negócios do estabelecimento.

Pouco antes de nos despedirmos recebi de duas senhoras generosas a quantia necessária à construção dum edifício onde poderíamos instalar os ateliês das raparigas, em Tuskegee.

Embarcamos no *Friesland*, da Red Star Line, navio soberbo. Fomos para bordo antes do meio-dia. Era a primeira vez que me via num transatlântico e experimentava uma estranha sensação, mistura de alegria e terror. O capitão e os oficiais, informados da nossa presença, receberam-nos amavelmente. Conhecíamos alguns passageiros, entre os quais o senador Sewel, de Nova Jersey, e Edward Marshall, jornalista.

Lembrando-me das narrações de pretos que não tinham tido bom acolhimento em navios americanos, temi alguma afronta, que não se realizou: a tripulação, de alto a baixo, e todos os viajantes, sem excetuar os sulistas, dispensaram-nos gentilezas.

Quando o *Friesland* se afastou do cais, senti um grande alivio: foi como se me caísse dos ombros um enorme fardo, o peso das angústias, das preocupações, das responsabilidades. Respirei livremente depois de tantos anos de canseira. Era afinal a tranquilidade que me chegava, uma espécie de sonho. Logo no segundo dia assaltou-me um violento desejo de dormir: recolhi-me ao excelente camarote que nos tinham reservado e mergulhei num profundo sono de quinze horas. Achava-me esgotado. No trajeto e um mês depois dele continuei esse regime. Quinze horas de sono por dia. Era uma novidade levantar-me isento de obrigações. Ausência de trens, horários, entrevistas e discursos, mudança completa na vida dum sujeito que às vezes se deitava em três camas numa noite.

Domingo o capitão me pediu que presidisse a cerimônia religiosa. Como não sou ministro, desculpei-me. Por insistência dos passageiros, fiz uma alocução na sala de jantar.

Não enjoei. E depois duma travessia com falta de acontecimentos, desembarcamos, com tempo esplêndido, na Bélgica, na velha cidade de Antuérpia.

No dia seguinte assistimos a uma das festas curiosas que existem nessa terra. Das janelas do nosso quarto, abertas para uma vasta praça, víamos, na beleza do sol claro, mulheres conduzindo carrinhos cheios de latas de leite, puxados por grandes cães, a multidão invadindo a catedral, camponeses carregados de flores.

Ficamos alguns dias em Antuérpia, entramos depois na Holanda, em companhia de viajantes americanos, entre os quais Edward Marshall e vários artistas que haviam feito conosco a travessia do Atlântico. Foi uma viagem curta e encantadora, pelos canais, num velho barco, à moda antiga. Percorremos o campo, estudamos os costumes regionais, chegamos a Rotterdam, a Haia, onde se reunia a conferência da paz. Fomos aí muito bem recebidos pelos representantes americanos.

Impressionaram-me na Holanda a agricultura e os belos rebanhos de gado de Holstein. Aproveita-se ali qualquer pedaço de terra, parece que não se perde um centímetro quadrado, coisa de que nem fazemos ideia na América. Centenas de vacas de Holstein pastavam no prado intensamente verde.

Voltamos, atravessamos a Bélgica rapidamente, paramos em Bruxelas, visitamos o campo de batalha de Waterloo e caímos em Paris, onde o sr. Theodore Stanton, filho da sra. Elizabeth Cady Stanton, nos tinha preparado hospedagem.

Logo que chegamos, convidaram-nos para um banquete no clube universitário. Aí encontramos o ex-presidente Benjamin Harrison, o arcebispo Ireland, o embaixador americano, general H. Porter, que dedicou um discurso à minha pessoa e à influência que poderia ter na questão das raças o instituto de Tuskegee. A minha resposta causou impressão favorável e determinou outros convites, que recusei, porque o meu intuito era descansar. Abri uma exceção para a capela americana, onde tive como ouvintes o general Harrison, o general Porter e outros cavalheiros influentes.

Alguns dias depois comparecemos a uma recepção na embaixada americana e travamos conhecimento com dois magistrados, os juízes Fuller e Harlan, do Supremo Tribunal dos Estados Unidos. Enquanto estivemos na França, o embaixador americano e sua senhora tiveram para nós toda a sorte de gentilezas.

Em Paris conhecemos o pintor negro Henry O. Tanner e vimos com prazer que ele desfrutava reputação invejável nos meios artísticos e era respeitado em todas as classes da sociedade. Transmitindo a alguns amigos a intenção de ir ver no museu de Luxemburgo a tela dum preto americano, percebemos que nos ouviam com surpresa e dúvida. Só admitiram a existência do pintor depois que foram examinar o quadro.

O exemplo do sr. Tanner fortaleceu-me a convicção que não cesso de comunicar aos meus alunos. O negro subirá quando se tornar indispensável, quando fizer melhor que os outros as coisas que toda a gente faz. Tive a inspiração disto no dia em que varri a sala do colégio, em Hampton. Senti que o meu futuro dependia da execução da tarefa e resolvi desobrigar-me de forma que não achassem nenhum defeito. No museu de Luxemburgo ninguém pergunta se o sr. Tanner é negro, alemão ou francês. Produziu uma coisa que o público necessita, uma obra de arte, e é quanto basta. O fato de ele ter uma cor diferente das cores ordinárias não interessa. A rapariga negra que sabe cozinhar, lavar, coser ou escrever e o rapaz negro hábil no tratamento dos cavalos, na fabricação da manteiga, na cultura das batatas, na construção de casas ou na prática da medicina serão julgados e aceitos em conformidade com os seus méritos. Afinal o mundo exigirá perfeição em todas as coisas, e os que trabalharem bem terão preferência. O essencial é a produção, e nisto a raça, a religião e os antecedentes históricos não importam. É impossível que um homem concorra para o bem-estar do próximo e não tenha recompensa adequada.

Surpreenderam-me o amor ao prazer e a excitabilidade que parecem caracterizar o povo francês, duas qualidades muito mais vivas nele que nos homens da minha raça. Quanto à moral, não acho que os franceses sejam superiores à gente de cor. As exigências da vida e a grande concorrência industrial fizeram com que eles se tornassem hábeis e econômicos. Mas, com o tempo, conseguiremos isso. Relativamente à veracidade e ao sentimento de honra, o francês médio não vale mais que o negro americano. E o negro tem mais doçura e mais piedade que ele. Deixando a França, o otimismo com que vejo o futuro da raça negra havia crescido.

Saímos de Paris, chegamos a Londres em julho, no meio da *season*. O parlamento estava reunido e havia muitas festas. Levávamos cartas de recomendação e outras haviam sido mandadas para a Inglaterra, anunciando a nossa chegada. Recebemos convites para várias solenidades, mas apenas assistimos a algumas delas.

O reverendo dr. Brooke Herford e senhora, meus conhecidos de Boston, arranjaram com o sr. Joseph Choate, embaixador dos Estados Unidos, uma reunião em Essex Hall. Compareceram muitas pessoas notáveis e membros do parlamento, entre outros o sr. James Bryce. As palavras do embaixador e um resumo do meu discurso foram publicados nos jornais da América e da Inglaterra. Em casa do dr. Herford encontramos a melhor sociedade inglesa. E, enquanto estivemos em Londres, o embaixador Choate nos cobriu de atenções. Foi na embaixada que travei conhecimento com Mark Twain.

Várias vezes fomos hóspedes da sra. T. Fisher Unwin, filha do estadista Richard Cobden. O sr. e a sra. Unwin tudo fizeram para ser-nos agradáveis. Mais tarde passamos uma semana em casa da filha de John Bright, a sra. Clark. No ano seguinte o casal Clark e sua filha estiveram nos Estados Unidos e vieram visitar-nos em Tuskegee.

Em Birmingham fomos recebidos pelo sr. Joseph Sturge, filho dum ardente abolicionista que foi amigo de Whittier e Garrison. Aí tive o prazer de avistar-me com pessoas que haviam conhecido William Lloyd

Garrison e Frederick Douglass. Os libertadores ingleses que vimos não poupavam elogios a esses dois americanos. Eu não imaginava o auxílio que os ingleses nos haviam prestado na libertação.

Minha mulher e eu falamos no clube liberal das mulheres, em Bristol. Também me convidaram para principal orador na sessão de fim de ano do Colégio Real dos Cegos, cerimônia que foi presidida pelo duque de Westminster, o homem mais rico da Inglaterra. Ele, a duquesa e uma filha felicitaram-me calorosamente.

Graças à gentileza de lady Aberdeen, assistimos ao congresso internacional das mulheres e vimos a rainha Victoria no castelo de Windsor, onde tivemos a honra de tomar chá como hóspedes oficiais. Pertencíamos a uma comissão de que fazia parte miss Susan B. Anthony.

Na Câmara dos Comuns, aonde fomos diversas vezes, encontrei sir Henry M. Stanley e falei com ele a respeito da África, das vantagens que o negro americano poderia ter mudando-se para lá. Essas conversas convenceram-me de que a África nos seria desastrosa.

Os ingleses sabem viver bem. A família é uma perfeição, tudo se faz com admirável regularidade. O respeito dos criados aos amos impressionou-me, pois na América não se admitem amos, e a palavra que os designa nos fere os ouvidos. O criado inglês não pensa em mudar de condição e aperfeiçoa-se na arte de servir. O criado americano é provisório, quer ser patrão e mandar. Qual dos dois tem razão? Deixo a resposta para outro.

Há na Inglaterra, em todas as classes, imenso respeito à ordem e à lei. Gasta-se aí muito tempo nas refeições e no resto. Mas pergunto a mim mesmo se isto não vale mais que a agitação americana.

Conheci de perto a nobreza, na verdade estimável. Ignorava que ela fosse venerada pelas massas, não supunha que dedicasse tempo, dinheiro e entusiasmo a obras de filantropia. Imaginava esbanjamentos.

As plateias são de gelo. O inglês, desesperadamente grave, leva em geral tudo a sério. Aconteceu-me contar histórias que teriam provocado um riso doido na minha terra — e olhavam-me tranquilamente, sem bater as pestanas.

Quando um inglês nos abre o coração e se torna amigo nosso, é um amigo sincero.

Fomos convidados, minha mulher e eu, pelo duque de Sutherland para uma *soirée* em Stafford House, a vivenda mais suntuosa de Londres. A duquesa de Sutherland, a mulher mais bela da Inglaterra, desviou-se dos cuidados que lhe davam trezentos visitantes e veio falar conosco duas vezes, exigiu que, de volta à América, lhe mandássemos notícias do instituto. Não esqueci o pedido, e no mesmo ano, pelo Natal, recebemos dela uma fotografia com dedicatória. Continuamos a correspondência, e temos atualmente na duquesa de Sutherland uma das nossas melhores amigas.

Após três meses de permanência na Europa, embarcamos em Southampton para o regresso, no *St. Louis*. Havia a bordo uma esplêndida biblioteca oferecida pelos cidadãos de St. Louis, no Missouri. Entre os livros achei uma biografia de Frederick Douglass, obra curiosa, sobretudo na parte referente à viagem que o grande negro fez à Inglaterra. Não lhe permitiram entrar no salão: durante a travessia Douglas se conservou no convés.

Mal terminei essa leitura, várias senhoras e cavalheiros me vieram pedir um discurso para o concerto que tencionavam realizar no dia seguinte. Apesar desses exemplos, continuarão a dizer que a antipatia entre as raças não decresce na América.

O concerto foi presidido pelo sr. Benjamin B. Odell Junior, atual governador do estado de Nova York. Tive nessa tarde um auditório amável em demasia, quase todo constituído por sulistas. Fizeram para a escola de Tuskegee uma coleta de que resultaram diversas bolsas de estudo.

Em Paris eu havia recebido a seguinte carta de Charleston, a cidade onde passei parte da minha infância:

"Charleston, 16 de maio de 1899.

Caro senhor:

Numerosos cidadãos, dos mais notáveis da Virgínia Ocidental, todos admiradores seus, esperam que, ao voltar da Europa, o senhor os honre com a sua presença e lhes traga a sua palavra eloquente. É com muita alegria que exprimo esse desejo e lhe rogo, em nome dessas pessoas, uma visita, a fim de que possamos render-lhe as homenagens merecidas.
Muito sinceramente,
Pelo Conselho municipal de Charleston,
W. Herman Smith."

Juntamente com esse convite, recebi este:

"Professor Booker Washington, Paris.

Senhor:
Nós, cidadãos da Virgínia Ocidental, desejamos comunicar-lhe que nos sentimos orgulhosos com a sua bela carreira. Ser-nos-ia agradável poder manifestar-lhe a nossa admiração e o nosso interesse de maneira mais positiva.

É para nós motivo de desgosto não termos tido há algum tempo, durante a visita que o sr. fez à cidade que o viu crescer, ocasião de ouvi-lo e provar-lhe por dádivas eficazes que aplaudimos a obra de Tuskegee.

Pedimos-lhe, pois, que nos conceda a honra de, ao regressar da Europa, aceitar a hospitalidade que Charleston lhe oferece e expor-nos os seus trabalhos. Teremos vivo prazer em levar-lhe a nossa contribuição e escutar a sua palavra eloquente.

Esperando que, numa resposta breve, nos marque o dia da sua chegada, aqui lhe apresentamos, respeitosamente, cordiais saudações.

The Charleston Daily Gazette; *The Daily Mail Tribune*; *G. W. Atkinson*, governador; *E. L. Boggs*, secretário do governador; *W. M. O. Dawson*, secretário de Estado; *L. M. La Folette*, tesoureiro; *J. R. Trotter*, diretor das escolas; *E. W. Wilson*, ex-governador; *John Q. Dickinson*, presidente do Banco de Kanawha Valey; *L. Prichard*, presidente do Banco Nacional de Charleston."

Esse convite, assinado por cidadãos importantes, brancos e negros, da cidade onde passei a infância, pobre, ignorante, desconhecido, encheu-me de alegria e enterneceu-me. Realmente nada havia feito para merecer tanta honra.

Entendi-me com os signatários da segunda carta, combinei o dia da viagem e fui recebido em Charleston por uma comissão, meio branca e meio negra, chefiada pelo ex-governador W. A. McCorkle. Ofereceram o teatro da Ópera à comissão diretora da solenidade, e à noite a plateia se encheu de pretos e brancos. Entre estes vi muitos que me haviam pagado salário quando eu era criança.

No dia seguinte o governador Atkinson e senhora deram-me no palácio uma *soirée* que atraiu todas as classes da sociedade.

Pouco depois os negros de Atlanta me distinguiram com uma festa que o governador do estado presidiu. Em seguida chamaram-me a Nova Orleans. Houve então uma chusma de convites e fui obrigado a recusar muitos.

Capítulo XVII
Últimas palavras

Antes da viagem à Europa sucederam coisas bem estranhas. Na verdade a minha vida sempre se compôs de surpresas, e suponho que felizes acontecimentos inesperados surgem de ordinário ao sujeito disposto a sacrificar o máximo de energia a uma obra desinteressada e útil.

Um ano depois do ataque de paralisia que o vitimou, o general Armstrong exprimiu o desejo de visitar ainda uma vez Tuskegee. Como não podia servir-se das pernas, foi necessário transportá-lo. Os proprietários da estrada de ferro local, cidadãos de raça branca, arranjaram-lhe de graça um trem especial que o conduziu da estação de Chehaw aos terrenos da escola, aonde o nosso grande amigo chegou às nove horas da noite. Alguém sugeriu uma recepção com muitas luzes, o que executamos: aproximando-se do estabelecimento, o trem passou entre duas filas de tochas de pinheiro que mil estudantes e mestres seguravam. Um efeito deslumbrante.

O general ficou dois meses conosco, e embora quase não pudesse falar nem mexer-se, empregou esse tempo combinando planos em benefício do Sul. Repetidamente me afirmou que o país tinha o dever de melhorar não apenas a condição do negro, mas a do pobre de raça branca. Prometi a mim mesmo dedicar-me com mais vigor à tarefa que me havia imposto. Se um homem tão acabado era capaz de pensar bem e trabalhar bem, eu, criatura robusta, não podia ser menos esforçado.

Semanas depois da visita que nos fez, o general Armstrong morreu. E por isso me relacionei com um nobre caráter, uma das pessoas mais encantadoras que já conheci: o reverendo dr. Hollis B. Frissell, hoje diretor do instituto de Hampton. Sob a sua direção, a escola continuou a prosperar, mas parece que o desejo desse homem capaz e modesto é conservar-se na sombra, tudo imputar ao seu ilustre antecessor.

Alguém me perguntou um dia qual foi a maior surpresa que experimentei. Certamente foi uma carta recebida um domingo pela manhã, na minha casa em Tuskegee, quando parolava com a família na varanda:

"Universidade Harvard (Cambridge),
28, maio, 1896.

Ilmo. Sr. Booker T. Washington.
Prezado senhor:

A Universidade Harvard tem a intenção de conferir-lhe, na cerimônia do começo do ano, um título honorífico. Ora, conforme a praxe aqui estabelecida, as pessoas que alcançam essa distinção devem comparecer à solenidade. É, pois, necessária a sua presença nesta Universidade a 24 de junho, de meio-dia às cinco horas. Ser-lhe-á possível estar em Cambridge nesse dia?

Saudações.
Charles W. Eliot."

Era uma terrível consagração. Nunca me havia passado pela cabeça a ideia de pretender um diploma duma das mais antigas e mais célebres universidades da América. Sentado à varanda, com o papel nas mãos, fiquei estarrecido, os olhos cheios de lágrimas. A minha vida inteira, a escravidão na fazenda, trabalho duro e sujo na mina, dias sem alimento e sem roupa, noites maldormidas numa calçada, a luta horrível pela educação, a angústia e as insônias nos primeiros anos em Tuskegee, o ostracismo e algumas vezes a opressão da minha raça, tudo me passava diante dos olhos e me apertava o coração.

Nunca havia procurado fama. Realmente não me preocupei com ela: sempre a considerei uma coisa de que nos devemos servir para fazer bem aos outros. Digo frequentemente aos meus amigos que, se consigo tornar útil a reputação que por acaso obtenho, sou um sujeito feliz. Se a notoriedade e a riqueza não tivessem esse préstimo, nada valeriam.

Quanto mais me ponho em contato com os ricos, mais me convenço de que eles tendem a julgar a fortuna um instrumento que Deus lhes confiou para beneficiar os homens. Quando saio do escritório do sr. John D. Rockefeller, que muitas vezes tem sido generoso com a nossa escola, penso nisso. John Rockefeller investiga minuciosamente, quer saber o emprego exato de todos os dólares que nos dá, e a indagação é seria demais, tão séria como se ele tratasse de colocar dinheiro numa empresa.

No dia 24 de junho, às nove horas da manhã, dirigi-me à Universidade Harvard e incorporei-me à comitiva que daí seguiu para o teatro Sanders, onde ia efetuar-se a entrega dos diplomas. Colocamo-nos em fila, na dianteira o presidente Eliot e o governador de Massachusetts, em seguida o comitê dos inspetores, depois os cidadãos convidados para receber títulos: o general Nelson A. Miles, o dr. Bell, inventor do telefone Bell, o bispo Vincent, o reverendo Minot J. Savage e vários outros, entre os quais eu me achava. Fechavam o préstito numerosos professores e funcionários. Nessa ordem chegamos ao teatro Sanders. E finda a distribuição dos diplomas, realizou-se a colação dos graus honorários, solenidade que provoca enorme interesse em Harvard. Como não se publicam os nomes dos que vão receber a grande honra, só naquele momento eles são conhecidos. Os estudantes aclamam-nos, e quando surgem figuras populares, há vivo entusiasmo e ovações frenéticas.

Deram-me o título de licenciado em letras. Terminada a cerimônia, o presidente convidou-nos para almoçar. Depois do almoço, formamos de novo em procissão e, escoltados pelo bispo William Lawrence, entramos na Universidade. Aí recebemos, em muitos lugares, os vivas dos rapazes e afinal desfizemos o cortejo, no Memorial Hall, onde estava servido o jantar dos antigos alunos. Era realmente um espetáculo singular a reunião dum milheiro de homens que representavam a Igreja, o Estado, os negócios e o ensino, cheios de ardor, entusiasmo e orgulho, característicos dos moços universitários.

Fizeram-se ouvir ao jantar diversos oradores: o presidente Eliot, o governador Roger Wolcott, o general Miles, o reverendo Minot J. Savage, o sr. Henry Cabot Lodge. Reproduzo uma parte do meu discurso:

"Se me considerasse digno da honra que agora recebo, haveria até certo ponto uma compensação para este grande embaraço. Não me compete explicar as razões por que me arrancaram do fundo da Cintura Negra, do meio da minha humilde família, para tomar parte na festa de hoje. Contudo, está aí uma das questões essenciais da vida americana: pôr os fortes, os ricos e os sábios em relação com os fracos, os pobres e os ignorantes, fazer sentir a uns a influência dos outros. De que modo apresentaremos aos habitantes da rua Beacon as necessidades dos que vivem em cabanas miseráveis nos algodoais do Alabama ou nos canaviais da Louisiana? Harvard tenta resolver esse problema, não rebaixando-se, mas elevando as massas.

Se, no passado, contribuí de algum modo para avizinhar dos brancos a gente negra, asseguro que de agora em diante redobrarei os meus esforços.

Neste mundo de Deus existe apenas uma regra para os homens e para as raças. E acha a nação americana que devemos todos ser julgados segundo a regra americana. Saberemos se os negros sobem ou descem. Em última análise os sentimentos não interessam. Nestes próximos cinquenta anos, talvez durante mais de cinquenta anos, a minha raça será submetida à prova severa dos princípios americanos. Experimentarão a nossa paciência, a nossa firmeza, a nossa resistência às desgraças e às tentações. Verão que somos capazes de economizar, adquirir habilidade nas artes, na indústria e no comércio; desdenhar a aparência e buscar a substância; ser grandes sem deixar de ser pequenos, instruídos permanecendo simples; mandar conservando-nos servidores de todos."

Era a primeira vez que uma universidade da Nova Inglaterra conferia título honorífico a um negro, e a imprensa do país comentou largamente o fato novo. Um jornalista de Nova York escreveu estas linhas:

"Quando Booker T. Washington se levantou para receber o diploma, houve uma enorme salva de palmas, só igualada pela que acolheu o popular soldado e patriota general Miles. Não eram aplausos convencionais, eram manifestações de simpatia, entusiasmo sincero. A plateia inteira vibrou, e em toda a parte havia rostos iluminados, aclamações ao antigo escravo e ao trabalho que ele realiza."

Um jornal de Boston publicou o seguinte:

"Conferindo o título honorário de licenciado em letras ao diretor do instituto de Tuskegee, a Universidade Harvard, engrandecendo-o, engrandeceu-se. O que o professor Booker T. Washington fez pela educação do povo no Sul com certeza lhe dá o direito de exigir um lugar entre os benfeitores nacionais. A Universidade, reclamando-o como um dos seus filhos, deve sentir orgulho.

Já se disse que o sr. Booker Washington foi o primeiro negro a quem uma universidade da Nova Inglaterra concedeu um título honorário. É uma distinção, e considerável, sem dúvida. Mas o título não foi conferido por ser o sr. Booker Washington homem de cor e ex-escravo, mas por haver mostrado, dirigindo um estabelecimento na Cintura Negra, talento verdadeiro, próprio das pessoas realmente grandes."

De outro jornal de Boston:

"Uma universidade da Nova Inglaterra deu título honorífico a um homem de cor. Os que acompanham a história de Tuskegee admiram a coragem, a perseverança e o bom senso de Booker T. Washington. Harvard procedeu bem distinguindo o antigo escravo. Os serviços que ele prestou ao seu povo e ao seu país só poderão ser reconhecidos pela história."

O correspondente do *New York Times* escreveu:

"Todos os discursos foram acolhidos com entusiasmo, mas o negro alcançou vitória completa: ao findar o seu discurso, rebentaram aplausos calorosos e prolongados."

Ao estabelecer-me em Tuskegee, eu havia formado o projeto de fundar uma escola tão útil ao país que um dia o presidente dos Estados Unidos a visitaria. Era uma ideia bem temerária. E por isso guardei-a muito tempo no fundo do meu coração.

Em novembro de 1897 dei um passo para a realização desse desejo: consegui que um membro do gabinete do presidente McKinley, o sr. J. Wilson, secretário da Agricultura, viesse a Tuskegee inaugurar o edifício Slater-Armstrong, o primeiro que fizemos com o intuito de ministrar ensino agrícola aos nossos alunos.

No outono de 1898 disseram-me que o presidente McKinley assistiria às cerimônias que se realizariam em Atlanta, para celebrar o fim da Guerra Hispano-Americana. Fazia dezoito anos que eu trabalhava na escola. E decidi esforçar-me por atrair o presidente e o seu gabinete. Fui a Washington, dirigi-me à Casa Branca, mas, aí chegando, encontrei as salas de espera cheias e perdi a esperança de avistar-me com o presidente. O secretário, sr. John Addison Porter, teve, porém, a gentileza de levar-lhe sem demora o meu cartão e ao cabo de alguns minutos me veio dizer que o sr. McKinley me receberia.

Não sei como um homem pode acolher toda a espécie de indivíduos, ouvir toda a espécie de solicitações, trabalhar de rijo e conservar-se calmo e paciente como o sr. McKinley. Vendo-me, agradeceu amável o que fazíamos em Tuskegee. Expus-lhe com franqueza o objeto da minha viagem: disse que uma visita do chefe da nação, além de animar estudantes e professores, seria útil a toda a raça negra. Ele pareceu interessar-se pela proposta, mas não fez nenhuma promessa, pois a ida a Atlanta ainda era coisa incerta. Pediu-me que voltasse ao assunto algumas semanas mais tarde.

No meado do outro mês o presidente resolveu assistir às festas da paz em Atlanta. Encaminhei-me novamente a Washington, dessa vez acompanhado pelo sr. C. W. Hare, um branco de Tuskegee, que reforçou o meu pedido convidando o presidente em nome dos homens de raça branca.

Pouco antes da segunda viagem a Washington haviam surgido graves perturbações, rixas numerosas entre as duas raças em diferentes lugares do Sul. Ao avistar-me com o presidente, notei que essas desordens o impressionavam muito. Não obstante estar cheio de ocupações, reteve-me algum tempo, discutiu, afirmou repetidamente a sua intenção de mostrar, não com palavras, mas com atos, que se interessava pelos negros. Quando observei que naquele momento nada poderia dar-nos esperança e coragem como a certeza de que ele decidia torcer caminho, viajar quarenta léguas para ver de perto uma instituição de negros, pareceu profundamente comovido.

Enquanto falávamos, um cidadão de Atlanta, democrata e antigo senhor de escravos, entrou na sala, e como o presidente o interrogasse a respeito da viagem a Tuskegee, respondeu sem hesitar que ela era conveniente. Essa opinião foi corroborada pela do dr. J. L. M. Curry, grande amigo da raça negra.

O sr. McKinley prometeu que visitaria a nossa escola a 16 de dezembro.

Desde que tiveram conhecimento da promessa, os brancos de Tuskegee mexeram-se tanto como os negros. Fizeram-se os preparativos, embandeiraram-se as ruas, formaram-se comitês que funcionaram junto à administração da escola para que o ilustre hóspede tivesse uma recepção condigna. Eu ainda não havia reparado na importância que o instituto adquirira aos olhos dos brancos de Tuskegee e vizinhança. Enquanto arranjávamos os festejos, dezenas e dezenas de pessoas vieram ver-me, afirmando que não desejavam tomar a dianteira, mas que teriam prazer em ajudar-me. Nesses dias causou-me forte impressão, quase tão grande como a visita do presidente, o orgulho que o instituto parecia inspirar a todas as classes do Alabama.

Na manhã de 16 de dezembro a cidadezinha de Tuskegee regurgitou. Com o presidente vieram a sra. McKinley e os membros do gabinete, com exceção de um. Quase todos vinham acompanhados de pessoas das suas famílias. Figuravam na comitiva diversos militares famosos, entre eles os generais Shafter e Joseph Wheeler, que voltavam da Guerra Hispano-Americana.

Formigavam os correspondentes de jornais. A assembleia do Alabama, naquele momento reunida em Montgomery, resolveu adiar os trabalhos e, pouco antes da chegada do presidente, apareceu em Tuskegee com o governador do estado e numerosos funcionários.

Tinha-se ornamentado o caminho da cidade ao estabelecimento. Aí, diante do sr. McKinley, os alunos desfilaram conduzindo canas-de-açúcar enfeitadas de capulhos de algodão abertos. Em seguida houve a revista dos trabalhos de todas as seções da escola, exibidos em carros puxados por mulas, cavalos e bois. Não apresentamos apenas o trabalho atual, procuramos expor a diferença entre os métodos antigos e os modernos. Mostramos a leiteria velha, os instrumentos agrícolas de que nos servimos nas primeiras experiências, os tachos e marmitas da cozinha primitiva, tudo isso junto aos aparelhos ultimamente adotados no serviço. A passagem dos carros durou hora e meia.

No discurso que pronunciou na capela nova, o presidente disse:

"Tenho na verdade grande satisfação em ver de perto o que se faz aqui. O instituto normal e industrial de Tuskegee é perfeito: conseguiu invejável fama no país e não o desconhecem no exterior. Felicito os que se associaram nesta empresa pelos bons resultados que obtêm modelando vidas honradas e úteis, concorrendo para o progresso duma raça inteira.

Acho que não se encontraria em nenhuma parte sítio mais apropriado a esta singular tentativa, que chamou a atenção e ganhou a confiança dos filantropos do país.

Seria impossível falar de Tuskegee sem fazer uma referência especial a Booker T. Washington. Devemos a ele este admirável estabelecimento, e a ele pertence a glória alcançada. O seu entusiasmo e o seu espírito empreendedor tornaram possível o progresso contínuo da escola. Booker Washington conquistou reputação merecida e é um dos grandes chefes da sua raça, conhecido e respeitado aqui e no estrangeiro como educador ilustre, orador notável, verdadeiro benfeitor."

O sr. John D. Long, secretário da Marinha, expressou-se desta forma:

"Não posso fazer um discurso. Tenho o coração muito cheio, cheio de esperança, de admiração aos homens do Norte e aos homens do Sul, brancos e negros.

Terei de agora em diante confiança no vosso progresso e na solução ao problema que vos propusestes.

Na verdade ele já está resolvido. Temos diante dos olhos um quadro que deveria figurar na tela e, junto aos retratos de Washington e Lincoln, ser transmitido às gerações futuras, um quadro que a imprensa exibirá com certeza à nação: o presidente dos Estados Unidos em pé numa plataforma, tendo a um lado o governador do Alabama e no outro, completando a trindade, um representante da raça que, há alguns anos apenas, vivia na escravidão, o diretor negro do instituto normal e industrial de Tuskegee.

As bênçãos de Deus cairão sobre o presidente, que mostra semelhante cena ao povo americano, sobre o governador do Alabama, sobre o orador, o educador, o grande negro Booker T. Washington."

O secretário do correio terminou o seu discurso com as seguintes palavras:

"Fomos testemunhas de vários espetáculos nestes últimos dias. Vimos a grandeza e os magníficos sucessos duma das mais importantes metrópoles do Sul. Vimos os heróis da guerra desfilar em cortejo. Vimos batalhas de flores. Mas estou certo de que os meus colegas pensarão comigo que nada nos impressionou mais que o espetáculo desta manhã."

Alguns dias depois do regresso do presidente, recebi esta carta:

"Washington, 23 de Dezembro de 1899.

Professor Booker T. Washington,
Tuskegee — Alabama.

Caro senhor:

Com muito prazer, remeto-lhe, em cópias, o documento comemorativo da visita do presidente a esse instituto. Vão nas folhas autógrafos do presidente e dos membros do gabinete que o acompanharam.
Permita-me que aproveite esta ocasião para felicitá-lo sinceramente pelo êxito das festas realizadas quando estivemos em Tuskegee. Todos os pormenores do programa foram executados de maneira irrepreensível, e os visitantes que nele tomaram parte, como atores ou como espectadores, ficaram encantados. A apresentação dos estudantes ocupados nos seus ofícios teve um efeito não apenas artístico, mas extremamente comovedor. Não foi, pois, exagerada a demonstração pública de simpatia dada pelo presidente e pelo gabinete ao instituto de Tuskegee.
Não termino sem lhe dizer que a sua modéstia foi comentada nos termos mais lisonjeiros por todos os membros da comitiva.
Desejando ardentemente o progresso da sua generosa empresa, aqui lhe manifesto a minha admiração e votos de felicidade no novo ano.

John Addison Portier,
Secretário do presidente."

Vinte anos se passaram desde que fiz a minha primeira tentativa em Tuskegee, numa cabana desmantelada e num galinheiro velho. Hoje possuímos 1150 hectares de terra, dos quais setecentos estão cultivados, e temos quarenta edifícios. Enquanto os alunos trabalham no campo ou levantam casas, professores competentes lhes ensinam os mais recentes processos de agricultura e os ofícios relativos à construção.
Juntamente com a educação literária, científica e religiosa, damos aos jovens, homens e mulheres, em 28 classes industriais, os conhecimentos necessários para que eles possam, deixando-nos, arranjar colocação imediata. A dificuldade é que os nossos diplomas são tão reclamados que só podemos atender à metade dos pedidos que nos chegam. Por outro lado, não temos acomodações nem dinheiro suficientes para admitir mais de metade dos moços que desejam matricular-se.
No ensino industrial fazemos questão de três coisas: primeiramente, queremos que os estudantes se eduquem de forma a adaptar-se às

condições atuais do meio onde vivem, isto é, que sejam capazes de fazer com exatidão o que exigem deles; em segundo lugar, desejamos que tenham habilidade, inteligência e caráter indispensáveis para ganhar a vida e sustentar família; afinal procuramos levá-los a amar o trabalho, não a eximir-se dele. Os rapazes labutam no campo, as moças exercitam-se na economia doméstica, jardinam, cultivam flores, fabricam manteiga, dedicam-se à apicultura e à avicultura.

Embora a instituição não tenha caráter religioso, nela funcionam as classes a que damos o nome de Escola Bíblica de Phelps Hall. Aí vários rapazes, especialmente os que se destinam aos distritos rurais, estudam as disciplinas necessárias ao ministério e a outras formas de atividade cristã. Trabalham na lavoura e na oficina, como os outros, e assim poderão lá fora dar um exemplo de energia ao público.

Atualmente o valor da nossa propriedade eleva-se a mais de trezentos mil dólares. Se arrolarmos os últimos melhoramentos, teremos, sem falar no dinheiro existente em caixa, um capital não inferior a meio milhão de dólares. As despesas anuais sobem pouco mais ou menos a oitenta mil dólares, quantia que obtenho com peditórios. A propriedade, isenta de hipotecas, é administrada por um comitê.

Tínhamos no começo trinta alunos. Agora temos 1100, provenientes de 27 estados, da África, de Cuba, de Porto Rico, da Jamaica e de outros países estrangeiros. Vivem conosco 86 funcionários e professores. E se contarmos as famílias desses homens, arredondaremos na escola e na vizinhança uma população constante de 1400 pessoas.

Perguntam-me às vezes como, em meio de tantas cabeças, mantenho no estabelecimento ordem e moralidade. Tenho duas respostas: primeiramente, os homens e as mulheres que nos chegam são criaturas sérias; em segundo lugar, toda a gente aqui vive ocupada. O quadro seguinte revela de que modo empregamos o tempo: 5 horas da manhã, toque para despertar; 5h50, primeiro sinal para o almoço; 6 horas, chamada ao almoço; 6h20, fim do almoço; 6h20 a 6h50, limpeza dos quartos; 6h50, chamada ao trabalho; 7h30, estudo; 8h20, chamada às aulas; 8h25, inspeção da roupa dos alunos; 8h40, serviço religioso na capela; 8h55, recreio de cinco minutos; 9 horas, começo das aulas; 12 horas, fim das aulas; 12h15, jantar; 1 hora da tarde, chamada ao trabalho; 13h30, nova chamada às aulas; 15h30, fim das aulas do segundo turno; 17h30, fim do trabalho; 18 horas, ceia; 19h10, rezas; 19h30, estudo; 20h45, fim do estudo; 21h30, cama.

Não nos esquecemos de que julgam a escola em conformidade com o número de diplomas fornecidos. Contando os alunos que terminaram o curso e outros que arranjaram conhecimentos bastantes para cavar a vida lá fora, até hoje umas três mil pessoas saíram de Tuskegee e espalharam-se no Sul. Têm um bom senso e uma firmeza que forçam o branco a aceitá-las. Aonde chegam os nossos estudantes notáveis mudanças começam logo a aparecer: compram-se terras, consertam-se casas, o espírito de economia e o nível de moralidade sobem. Povoações inteiras são revolucionadas por eles.

Há dez anos organizei em Tuskegee a primeira Conferência negra, uma assembleia anual de oitocentos a novecentos homens e mulheres, da melhor gente da raça, que passam um dia estudando, formando projetos para melhorar as condições do negro. Daí saíram muitas conferências locais, fecundas em boas obras. Ultimamente um delegado afirmava que no seu distrito dez famílias tinham adquirido propriedades. Findas as discussões da Conferência negra, reúne-se a Conferência dos trabalhadores, composta de professores empregados nas grandes instituições do Sul.

No verão de 1900, auxiliado por homens importantes da raça negra, como o sr. T. Thomas Fortune, fundei a Liga nacional dos comerciantes negros, que funcionou pela primeira vez em Boston com os representantes de trinta estados. Essa reunião originou as ligas locais e as ligas estaduais.

Apesar das minhas ocupações de administrador de Tuskegee e das coletas que faço para arranjar o dinheiro preciso à manutenção da escola, sou forçado a atender pelo menos a uma parte dos convites para discursos que me chegam do Sul e do Norte. Transcrevo uma notícia dum jornal de Buffalo, relativa ao discurso que fiz numa sociedade de educação:

"Booker T. Washington, o mais eminente educador negro do mundo, chegou ontem do Oeste, saltou no melhor hotel da cidade e teve uma noite cheia. Deram-lhe apenas o tempo necessário para escovar a roupa e cear. Nos salões do hotel ofereceram-lhe uma recepção em que tomaram parte mais de duzentos professores de todos os lugares dos Estados Unidos. Pouco depois das oito horas, conduziram-no em carruagem ao Music Hall, onde em hora e meia fez sobre a educação negra dois vibrantes discursos para um auditório de cinco mil pessoas.

Depois o sr. Washington foi monopolizado por uma comissão de pretos chefiados pelo reverendo Watkins e levado à pressa a uma pequena reunião organizada em sua honra."

Não me eximo de chamar a atenção do país para os assuntos que interessam às duas raças. É o que faço a respeito do odioso costume do linchamento. Quando a convenção constitucional da Louisiana se reuniu, mandei-lhe uma carta pleiteando justiça para a minha raça. Nunca me faltou, Deus louvado, o apoio dos jornais do Sul e de outras partes do país.

Não obstante certas demonstrações transitórias e superficiais, que poderiam induzir-nos em erro, nunca a situação da raça negra me pareceu mais estável que hoje. A grande lei humana que afinal reconhece e recompensa o mérito é universal e eterna. O mundo ignora os esforços desesperados que os brancos do Sul e os seus antigos escravos fazem para desembaraçar-se de preconceitos. E nessa luta medonha as duas raças merecem simpatia e indulgência.

Escrevo as últimas palavras destas memórias na cidade de Richmond, onde há 35 anos dormi numa calçada. Agora estou em Richmond como hóspede do povo negro. Fiz ontem à noite, perante as duas raças, um discurso no salão da Academia de Música, o mais vasto e o mais belo da cidade. Nunca um homem de cor tinha tido permissão para servir-se dessa sala.

Na véspera da minha chegada, o conselho municipal decidiu ir escutar-me. A Câmara e o Senado resolveram também, unanimemente, comparecer à Academia de Música.

A centenas de cidadãos negros e brancos ofereci a mensagem que trazia, mensagem de esperança. E no fundo do coração agradeci às duas raças o acolhimento que me dispensaram no estado onde nasci.

Conheça os títulos da Coleção Clássicos de Ouro

132 crônicas: cascos & carícias e outros escritos — Hilda Hilst
24 horas da vida de uma mulher — Stefan Zweig
A câmara clara: nota sobre a fotografia — Roland Barthes
A conquista da felicidade — Bertrand Russell
A força da idade — Simone de Beauvoir
A guerra dos mundos — H.G. Wells
A ingênua libertina — Colette
A mãe — Máximo Gorki
A mulher desiludida — Simone de Beauvoir
A náusea — Jean-Paul Sartre
A obra em negro — Marguerite Yourcenar
A riqueza das nações — Adam Smith
As belas imagens (e-book) — Simone de Beauvoir
As palavras — Jean-Paul Sartre
Como vejo o mundo — Albert Einstein
Contos — Anton Tchekhov
Contos de terror, de mistério e de morte — Edgar Allan Poe
Crepúsculo dos ídolos — Friedrich Nietzsche
Dez dias que abalaram o mundo — John Reed
Física em 12 lições — Richard P. Feynman
Grandes homens do meu tempo — Winston S. Churchill
História do pensamento ocidental — Bertrand Russell
Memórias de Adriano — Marguerite Yourcenar
Memórias de um negro americano — Booker T. Washington
Memórias de uma moça bem-comportada — Simone de Beauvoir
Memórias, sonhos, reflexões — Carl Gustav Jung
Meus últimos anos: os escritos da maturidade de um dos maiores gênios de todos os tempos — Albert Einstein
Moby Dick — Herman Melville
O banqueiro anarquista e outros contos escolhidos — Fernando Pessoa
O deserto dos tártaros — Dino Buzzati
O eterno marido — Fiódor Dostoiévski
O Exército de Cavalaria (e-book) — Isaac Bábel
O fantasma de Canterville e outros contos — Oscar Wilde
O filho do homem — François Mauriac
O imoralista — André Gide
O príncipe — Nicolau Maquiavel
O que é arte? — Leon Tolstói
O tambor — Günter Grass
Orgulho e preconceito — Jane Austen
Orlando — Virginia Woolf
Os mandarins — Simone de Beauvoir
Retrato do artista quando jovem — James Joyce
Um homem bom é difícil de encontrar e outras histórias — Flannery O'Connor
Uma morte muito suave (e-book) — Simone de Beauvoir

DIREÇÃO EDITORIAL
Daniele Cajueiro

EDITORA RESPONSÁVEL
Ana Carla Sousa

PRODUÇÃO EDITORIAL
Adriana Torres
Mariana Bard
Júlia Ribeiro

REVISÃO
Pedro Staite
Rachel Rimas

CAPA
Victor Burton

DIAGRAMAÇÃO
Filigrana

Este livro foi impresso em 2020
para a Nova Fronteira.